Walther Appelt · Muttersprache weiß und grün

BÜCHEREI SÄCHSISCHER MINIATUREN
BAND 3

HERAUSGEGEBEN
VON WOLFGANG U. SCHÜTTE

WALTHER APPELT

Muttersprache weiß und grün

MIT ILLUSTRATIONEN VON
WERNER DAVID

Zentralhaus-Publikation Leipzig

ISBN 3-7444-0150-2

1. Auflage 1989

Reihengestaltung: Renate Herfurth
Typografie: Dietmar Senf
Satz und Druck: Druckerei Volkswacht Gera
Buchbinderische Verarbeitung:
Buchbinderei Wilhelm Weispflug, Großbreitenbach
Bestellnummer: 802 531 1
Bestellwort: Miniaturen 3
V-5-1 2314675 Ag 503/23/89
00560

Walther Appelt

wurde von der Verlagswerbung in den dreißiger Jahren als das »männliche Pendant zu Lene Voigt« angepriesen. Er hatte jedoch nicht das Glück, mehrere Bücher publizieren zu können, 1930 erschien das schmucklose Bändchen »Muttersprache weiß und grün – Sächsische Geschichten« in einem Plauener Verlag. Im Vorwort schreibt der Autor: »Diese sächsischen Geschichten und Gespräche haben seit Jahren einen großen Kreis treuer Freunde. Weitverbreitete Zeitungen drucken sie gern und regelmäßig ab, weil sie wissen, daß viele Leser ihre Freude daran haben. In Rundfunk und Kabarett ist ihre Wirkungskraft erprobt. Fröhlicher Beifall erkennt immer wieder an, daß sie ohne nachahmende Anlehnung ganz aus Eigenem geschöpft, daß sie aus einem liebenswürdigen Verstehen sächsischer Art und Sprache entstanden sind«.

Das Bändchen bildete sozusagen den Grundstock unserer Sammlung, darüber hinaus wurden weitere Arbeiten der progressiven Presse der Weimarer Republik entnommen. Speziell der »Vorwärts«, das Zentralorgan der SPD, druckte in schöner Regelmäßigkeit zwischen 1924 und 1932 unter den verschiedensten Überschriften wie »Sächsisches – Allzu Sächsisches«, »Aus Sachsen«, »Sächsische Geschichten« die Appelt'schen Texte.

Von der Biographie des Autors ist wenig bekannt, es ließ sich ermitteln, daß er gebürtiger Oschatzer war und in den dreißiger Jahren als Journalist in Plauen i. V. lebte. Dort verlieren sich auch seine Spuren.

Walther Appelt ist verschollen, vergessen ist er nicht. Nun, da er ein eigenes Büchlein bekommt, können wir auch mit

Freude das nachdrucken, was er über unsere Sprache zu sagen hat, weil es keine Patina angesetzt hat.

»Es ist ja nicht wahr«, sagt Walther Appelt, »daß unsere sächsische Sprache aus lauter Albernheiten wie ›ach du griene Neine!‹ und ›ei herrjehmerschnee‹ besteht. Und es ist auch nicht wahr, daß man das Sächsische lernen kann. Das ist nur ein naiver Irrtum der sogenannten sächsischen Komiker..., – und leider auch ihres Publikums.

Und es ist auch nicht wahr, daß unser Sächsisch der lächerlichste aller deutschen Dialekte und daß der sächsische Mensch der einfältigste unter allen ist. Er wirkt nur manchmal so, wenn er sich mit Anstrengung hochdeutsch benehmen möchte... und es nicht fertigbringt.

Wahr dagegen ist, daß wir Sachsen viel Sinn für Humor haben, und auch besonders für den Humor unserer Sprache, die der passende Ausdruck unserer Wesensart ist. Das Talent zur Selbstironie nimmt darin eine hervorragende Stelle ein... Wir wissen um uns selber gut Bescheid. Wir wissen also auch, daß wir keine Narren sind... legen aber nicht immer Wert darauf, dieses Vorurteil richtigzustellen. Weil es oft nicht lohnt.

Und hundertmal wahr ist, daß wir uns unsrer Muttersprache nicht zu schämen brauchen, wenn wir sie in den Grenzen halten, die ihr gezogen sind. Sie muß uns einfach das schlicht Selbstverständliche sein, und darf nicht zur betonten Eigensinnigkeit werden. Der wahre Sachse liebt seine Muttersprache, aber er ist nicht verliebt in sie.«

Dem ist nichts hinzuzufügen – außer: ä häbbchen Schbaß mit den Texten von Walther Appelt, wo auch immer Sie diesen Band unserer Bücherei sächsischer Miniaturen lesen.

Ich bin ein Sachse…

Ich bin ein Sachse, kennt ihr meine Schbrache?
Ihr kennt sie nich, ihr bilded's eich bloß ein!
Denn was ich auch erzähl, unn was ich sahche,
ihr denkt ja doch bloß, daß solln Witze sein!
Ihr habbt ähm kee Frschdändnis,
eich fehlt die Menschenkenndnis:
Ihr denkt, mier Sachsen sinn ä deidscher Schdamm,
damit die andern was zu feixen hamm!

So iß das nich! Da muß ich doch sehr bidden,
mier kenn drwegen ooch gans ernsdhaft sinn.
Unn was ihr denkt, das werd hiermit beschdridden,
wo käm denn sonst de Menschenwirde hin?
Es heeßt doch nich zum Hohne:
dr Mensch – dr Schebfung Krone!
Nee, daß iß wahr! Doch gloobt es endlich nu:
Dr sächs'sche Mensch geheert da ooch drzu!

Da braucht ihr gar ich eire Nase rimfen
unn garnich denken, mier hamm'n Greeßenwahn!
Unn wenn mier ooch mal rubbich sinn unn schimfen,
mier hamm weiß Godd noch niemand nischt gedahn!
Mier kenns bloß nich frdrahchen,
wenn andre egal sahchen:
de Sachsen lohm sich de »Gemiedlichkeet«,
doch sonst in Lähm, da sinn se ziemlich bleed.

Daß das ä Errduhm iß, kenn mier beweisen:
ä bleeder Mensch, der hat doch kee Gefiehl!
Doch eier Herz, ihr Bayern oder Breißen,
iß gegen unsersch bloß ä Kinderschbiel.
Unn unsre scheensden Driewe
die heeßen: Heimadliewe.
Weshalb mier ọoch an heißesden ergliehn
fier unsre Mudderschbrache weiß unn grien!

Leberblümchen

Ach, die scheen Bluhm'. Wo hamm Sie dn die her?

Nowr, die gefalln Ihn' ooch? Ja, wenns die gibbt, da hol ich mir jedes Jahr mei Schdreißel. Das sinn nämlich Läwerbliemchen. Guckense nr, wie hibbsch die aussehn! Wie wennse kinsdlich gemacht wärn. Ja, de Naduhr, die hat was los mit ihrn Zeich. Was die macht, das iß alles brima. Drum schwärm ich ooch so frsche. Unn besondersch jetzt, wo Friehling werd. Die Läwerbliemchen zum Beischbiel, das sinn solche Friehlingskinder. Weil die dn Friehling frkinden. Wenn die bliehn – Sie, das mißden Se mal sehn.

Wie issn das?

Da missen Se sich enn kleen Wald forschdelln, wo bloß abb unn zu mal ä Sonnschdrahl neinfalln kann unn das Iewrige iß alles noch Eis unn Schnee, unn därres Laub, wo se hier unn da enne alde Blechbichse neingeschmissen hamm oder enne rosdje Schbrungfeder fon enner kabudden Madratze, das iß doch ä sehr drosdloses Bild, das sieht so nach Frwidderung aus unn daß ähm alles frgänglich iß auf Erden. Unn weit unn breit iß kein Läwe-Wesen zu sehn unn zu heern, weil es die Schdädde des Dohdes ist. Awr bletzlich, wennse grade so scheen midden drinne sinn in Ihrn draurigen Gedanken, . . . da schdutzt Ihr Fuß, unn Ihre Adern schlagen gans laut. Denn mir nischt dir nischt blieht da off eemal so ä kleener blauer Schdern unn guckt Sie mit sein dreiherzgen Ooge an, als welldr sagen: Ferzage nicht, oh Menschenkind, der Lens iß da! Oder wenigsdens, er werd bald komm. Heerscht du nicht den Fogel bieben, der sein Liebchen ruft und mit ihr ein Nest bauen will? Unn wennse genau hingucken, da sinn gans fiel solche kleene blaue Bliemchen da, die hammse erscht bloß nich gesehn. Das iß ä Kunstschdick, das soll mal eener dr Naduhr nachmachen. Das bringt keener. Awr de Naduhr, die bringds! Drum bin ich so ä grosser Naduhrfreind. De Naduhr, das iß mei alles.

Unn drum holn Sie sich ooch jedes Jahr so enn Schdrauß Läwerbliemchen?

Ja, wegen der feierlichen Schdimmung.

Nu ja. Awr ä gans richdger Naduhrfreind sinn Sie da eegendlich nich. Mir isses, als häddich mal gelesen fon den Läwerbliemchen, als wie wenn das iewrhaubt frbohden wär, daß mr die flickt. Solche Beschdimmung‘ gibbds nämlich.

Ja, ich weeß schon. Awr mit mein Läwerbliemchen hamm die nischt zu duhn.

Warum denn nich? Was andere nich derfen, das derfen Sie genau so wenig wie die.

Sie meen', daß ich die Bluhm hol, ähm draußen, was ich Ihn' erzählt habb?

Jawohl.

Das kommt doch garnich in Frahche. Die hol ich doch in Bluhmladen . . .

Sonne im Herzen

Babba, unser Lährer hat heide gesagt, unsre Sonne, das wär gar nich de eens'ge, dies gibbt.

Das isse ooch nich.

Da scheint die wohl bloß in Deidschland? Die andern Länder hamm wohl exdra welche?

Das gloowich drwegen nich. Awr gähm duhds schon noch welche. Zum Beischbiel Hehnsonne.

Was issn das?

Das is so ä Abberahd, wo mr ne blaue Brille offsetzen muß. Wemmer de Gicht hat, oder Gallnschdeene.

He, ob der die meent? Von een Abberahd hat der nischt gesagt, unn fon Gallnschdeen' ooch nich.

Nu, 's gibbt ooch noch Sonne in dr Wesdendasche. Zum Fodegrafiern.

Von Fodegrafiern hat der ooch nischt gesagt.

Ach, jetzt kann ich mrsch denken, was der gemeent hat.

Was dn?

Sonne im Herzen.

Wie issn das?

Also das is so: Wenn dr was dr Quere gegang is, oder de hast ne Enddeischung erlebt, oder se wolln drsch Lähm schwer machen, da mußde ähm Sonne im Herzen hamm.

Wie macht mrn das?

Nu, da denkt mr, großer Godd, was issn da weider drbei? Wollt ihr mich filleicht ärgern, denkt ihr denn, mit mir kenndrsch machen? Da habbdr eich geärrt! Mir känndr noch lange nich imboniern. Aus eich mach ich mir gar nischt. Än alden Dreck! 'n Buckel kenndr mr nunderrudschen. Von eich laß ich mir meine Laune noch lange nich frdärm. Was bild'n ihr eich iewrhaubt ein, ihr . . .

So, das nennt mr Sonne in Herzen?

Ja.

Du, Babba!

Was dn?

Das klabbt ja großardj.

Wieso dn?

Unser Lehrer hat heide nämlich ooch noch gesagt, ich däht wahrscheinlich ze Osdern sitzen bleim.

Was? Du frfluchder Lausejunge, du fauler Lumb, du misewrawler! Laß mich das nich erlähm, ich boch dich krumm un lahm, wennde heemkommst. Wag dich nich zr Diere rein, das sag ich dr! Du . . .

Babba?!

Hm?

Habb Sonne im Herzen!

Weidenkätzchen

Duh dei Herz auf, meine guhde Frau, unn mach deine Brust gans weit, daß mr Friehling neinkann! In durschdigen Ziegen muß dr das genießen, daß de Naduhr von Winderschlaf erwacht iß unn nu wieder ausn Folln schebfen kann. Wielange werds dauern, unn mier kenn wieder juweln unn sing': Alle Feegel sinn schon da, – nun werden grien die Brombeerblädder . . . Unn wenn dann der brafe Bauerschmann seinen Fluch – ch, gucke da! Der scheene Maizelschdrauch! So ein erhehmder Anblick! Iewr unn iewr in Bliede! He! Was iß denn das? Da schdeht doch eener un flickt Maizelzweiche. Warde, den wern mier awr mal unsere Meinung sagen. Sie! Schäm Se sich nich, die Naduhrscheenheit mit rubbger Hand zu zerschdeern unn dn Schdrauch seiner jungen Driewe zu beraum? Schbiern Sie denn das nich, daß das enner Flanse genau so weh duht wie wenn Sie filleicht enner Fliege ä Been rausrubben oder wenn ich Sie an enn edlen Kerberdeil ferletzde? So eine Sinde unn Schande, so eine Kwälerei, daß die arme Flanse womeeglich in ihrer zarden Seele die greeßden Schmerzen leiden muß! Denken Sie denn auch nich an die liewen Bienen, die den Honig needig brauchen wegen folkswirdschafdlichen Grinden, damit sie den Menschen kesdliche Schbeise daraus bereiden kenn? Machense sich bloß schwach, Sie goodloser Mensch, Sie Flansenschinder, Sie Kreaduhr ohne Herz in Leiwe! Oder wissen Sie filleicht nich, dasse sich ooch schdrafbar machen nachn Forschdgesetz, wenn Sie wolche Zweige mausen, unn daß Sie sich fr ihr ganses Lähm unglicklich machen kenn? Ihre Kinder werden fragen: Mamma, wo bleibt denn bloß dr Babba so lange? – unn Ihre liewe Frau muß in wehmiedige Dränen ausbrechen unn muß den unschuldijen Kindern andworden: Eier Babba ist ein Schdräfling, unn hat einen Schdräflingskiddel an, unn wo er ist, sinn Radden unn Meise, denn er ferbießt eine Schdrafe, weil er in Walde Maizeln gemaust hat, anschadd bloß seine Freide dran zu haben. Also zum letzten Male frag ich Sie jetzt: ricken Se freiwillig ab, oder nich? Ich gebb ihn‘ eine letzte Schangse, dasse ihrer Wege gehn, sonst muß ich Sie bidden, daß Sie mit mir zum Schandarm komm. Ich habb Sie hier auf frischer Daht erdabbt, da bin ich als schdeierzahlender Schdaadsberger berechtigt unn ferflichdet, Sie der Gerechtigkeit in die Arme zu liefern. Loofen Se gefälligst ä bissel schneller, sonst kennde ich mirsch amende noch andersch iewrlegen unn Sie drwegen noch anzeigen!

So, Frau, den hädden mrsch gesagt. Gucke nr, wie'r leeft. Den schein ich ja lausj imboniert zu hamm. Siehsdes denn, was der fr Beene macht. Godd sei Dank, jetzt issr bald um de Ecke num. Komm, hald mal mein Schbazierschdock unn's Bemmbakehd. Jetzt kenn mier die gansen Maizeln fon den Schdrauch alleene flicken.

Der Sympathieschnupfen

Sie hamm awr 'n Schnubben. Sie hamm sich wohl erkäld?

Ja. Aus Simmbaddie.

Was soll dn das heeßen?

Das iß ä bissel umschdändlich zu erzähln. Awr wenn Ses indressierd . . .

Freilich indressiert mich das.

Also bassen Se auf! Unsre Herda will sich doch zu Osdern ferlohm. Deswegen hamm mier jetzt de Maler, wegen den fieln Besuch. Unn da iß eener drbei, der hat so furchdbar 'n Schnubben. Da hamm mier uns nu lange iewrlegt, was mier machen solln. Sagen wollden mr nich gerne was, daß der keene Scherereien kriegde mid sein Meesder, awr geschehn mußde was. Uns warsch nämlich haubdsächlich darum zu duhn, daß unser Willi den Schnubben nich kriegde. Wissense, bei den werds allemal glei Schdockschnubben, unn der dauert fier Wochen. Wo den sei Lährer sowiso gesagt hat, er mißde sich noch dichdje Miehe gähm bis Osdern, wennr nich sitzenbleim wollde. Also kurz unn guhd, da sinn mier zu enner Bekannden gegang, die hat ä Buch, da schdehn lauder solche

wissenschaftlichen Sachen drinne, die unsereens gar nich weeß.
Unn wenn die das Buch offschlägt, da muß mr gans schdille sinn, sonst heert mr de Ähderwellen nich rauschen. Das iß awr sehr nodwend'g, weil das Buch sonst keene richdjen Andworden gähm kann off die Fragen, die mr schdellt. Nu, mier warn scheen ruhig, unn mier hadden ooch so ä Summ' in Ohrn, das muß das Rauschen gewesen sinn. Unn das Buch hat gesagt: eens aus unsrer Familie däht den Schnubben kriegen fon den Maler. Unn wenn 'n nich dr Willi kriegen sollde, da mißdn ä andres freiwillig off sich nemm, aus Simmbaddie. Anschdendj wie se iß, wollde erscht de Herda sich obfern, weil doch wegen ihrer Frlowung de Maler da sinn, – awr nachher hadds ihr Breidjam nich erloobt. Un da habb ichs ähm machen missen. Da bin ich mal frieh aus'n Bedde mid barbsjen Been offn kalden Drebbenschdufen rummgeloofen, – bis 'ch 'n Schnubben hadde.

Nu, awr horchense mal: da iß doch das gar nich den Maler sei Schnubben. Ob denn das da iewrhaubt was nitzt?

Nu allemal. Das iß doch gans biebe. Schnubben iß Schnubben. Ob der nu fon den Maler iß oder fon Drebbenschdufen, das macht nischt. Das heeßt, ich will mich forsichdj ausdrikken: hoffendlich macht das nischt. Mei Willi kam mier nämlich heide frieh so ä bissel komisch for. Ich willn Deifel nich an de Wand malen, awr gefalln hat mir der Junge heide frieh nich. Mißden das schließlich doch nich de richdjen Ähderwelln gewesen sinn, was mier da rauschen geheert hamm?

Gespräch über Hexen

Mamma, heide iß doch Walburjisnacht?

Ja, warum dn?

Da reiden doch de Hexen durch die Lifde, off Besenschdieln oder Misdgaweln – weil die sich midn Deifel dreffen. Hast du schon mal eene reiden sehn?

Nee, die reiden doch gans hoch.

Awr ä Flieger, der kennde se sehn?

Nee, die reiden doch bloß in Finsdern.

Ach so. Awr wenn nu Follmond iß?

Da warden die, bis mal enne Wolke drfor iß, daß mrsche nich sehn kann.

Awr da kenn die doch selwer ooch nischt sehn. Wie finden denn die da ihrn Weg?

Den findn die schon. Das iß ähm den ihr Inschdinkt. Die sausen los, unn da hammse ooch glei de richdje Richdung.

Awr wie sehn denn die da, wo se hinschießen?

Wieso denn schießen?

Nu, wo de Leide nachher 'n Hexenschuß hamm. De weeßt schon, wenn'sn in Kreiz so weh duht. Was du ooch manchmal hast. Da sagse doch immer, de hast dn Hexenschuß. Iewrhaubt: mit was schießen die denn eegendlich? Hamm denn die enne Flinde? Die hamm doch ooch gar keene Hand frei. Die missen doch ihre Misdgawel lenken, oder ihrn Besenschdiel. Heechsdens midr Bisdole kennden die schießen, weilse da bloß eene Hand drzu brauchen, nowr Mamma?

Ä, Junge, so iß das doch garnich. Die schießen een' doch garnich ins Kreiz. Das däht een' doch alle Knochen endzweischlagen.

Filleicht schießen se midr Lufdbichse?

Nee, iewrhaubt nich. Das heeßt bloß so.

Da iß das awr doch Bleedsinn. Wer hadn das erfunden?

Das weeß ich nich. Das heeßt schon wer weeß wielange so.

Odr weeßde, Mamma, mißden die amende mit Dreckbatzen schmeißen, odr mit Misd, fon ihr Misdgaweln? Das wär' doch meeglich.

Nee, ... da mißden doch de Fensderscheim drbei kabudd gehn.

Filleicht, wennde grade mal iewern Hof gehst?

Nu heer doch endlich off! Wenn ich dr sage, das heeßt bloß so, da kannst de das weiß Good gloom.

Awr das muß doch sein Grund hamm, daß das so heeßt. Das kann doch nicht aus frein Schdicken so heeßen?

Also jetzt red ich iewrhaubt nich mehr mit dir da driewer. Jetzt habb ichs sadd.

Sißde! Du willst mrsch bloß nich sagen! Awr warde nr, da frag ich ähm dn Babba, wennr heemkommt. Mier Männer, mier wern uns schon frschdändjen. Ich weeß schon: eich Frauen iß das Dehma bloß beinlich, weils fon eiresgleichen handelt...

»Komplexe« – oder: Das andere Ich

Also gloomse, so ä Maskenball, das iß doch werklich dr eensje Drost, denn mr noch hat. Da kammer mal sei Lähm lähm, wie mrsch eegendlich hädde lähm solln unn nich, wie mrsch dadsächlich lähm muß. Das iß, wie mal in dr Zeidung schdand, awr allerdings nich fon Maskenball: wie wemmer zu sich selwer erwacht aus en diefen Schlaf.

Sie dricken sich awr in Rädseln aus.

Das ferschdehnse nich? Da muß ichs Ihn' ähm bobulärer sagen. Also das missen Se sich so forschdelln: daß nähm Ihn' egal was herleeft, wo Se nich wissen, was's eegendlich iß, unn warum das egal so nähm Ihn' herleeft. Un bletzlich eines Dahches merkense, daß das Sie selwer sinn, was da so nähm Ihn' herleeft. Nämlich Ihr andres Ich.

Das iß mir noch dunkler. So kombliziert habb ich mir enn Maskenball nich forgeschdellt.

Der iß ooch nich fr jeden so kombliziert. Mei Mann zum Beischbiel, der hats bekwähm. Der geht als Hanswurscht. Unn da sinn bei denn ooch keene Komblexe drbei in Schbiel... Was ich habb, das sinn nämlich Komblexe. Awr mei Mann, wie gesagt, der hat keene. Der iß mei Dahche, seit ich'n kenn, ä Hanswurscht gewesen, unn was andres macht der ooch bein Maskenball nich. Unn das schdehd'n ooch an allerbesten. In so enn fr'rickden Kosdiem, da sieht der aus wie neingeborn. Unn der benimmt sich ooch so. Weil der sich immer so benimmt. Sehnse, ich drgegen – ach, wenn ich schon bloß dran denk. Daß iß jedes Jahr mein eensjer Lichdblick, wo meine zwee Hälfden mal so richdj zu ennander komm unn nich egal bloß nähmnander herloofen missen. Gloomse, schon seit ich die Einladung habb, da rollt in mein Adern enne gans andre Sorde Bluhd. Was, das gloomse nich? Gloomses nur! Schbanisches Bluhd! An mier iß nämlich ne Schbanierin frlorn gegang. Mei andres Ich, das iß eene. Unn bein Maskenball, da kann ich ähm mein siedländischen Dembrament mal de Ziegel schießen lassen, da werd mal iewr de Schdränge gehaun unn alles offn Kobb geschdellt. Ähm wie in Schbanien. Ich bin schon gans außer mier for Freede..., wenn ich bei enn Laden frbeigeh, wose Abbelsin' hamm unn Zidrohn', da iß mirsch egal zumuhde, wie wenn ich Heemweh kriegen mißte.

Da hamm Sie wohl ooch so ä Damburihn, was so klabbert?

Nee, da habb ich keens. Das däht doch garnich zu mein Kostiem bassen.

Ich denk, Sie gehn als Schbanierin?

Ich? In gansen Lähm nich. Zumuhde iß mirsch so, awr das hat doch mit mein Kosdiem nischt zu duhn. Nee, mei Maskenkosdiem, das habb ich noch aus meiner Jugend. Unn das hat ooch frieher schon meine Mudder angehabbt. Da kennse mal sehn, was das fr fester Schdoff iß.

Was schdellt dn das dar?

Was das darschdellt? Ä Bauernmädel. Unn fornedroff, da is ä gans großes Herz, da iß droffgeschdickt: De Unschuld fon Lande.

Der blamierte Osterhase

Nowr, Babba, die Osdereier, die legt dr Osderhase nich alle selwer? Das geht doch garnich!

Warum soll dn das nich gehn?

Nu, da sinn doch welche drbei, wo ohm ä kleenes Hiehnerbuddel rausguckt. Das kenn doch keene Haseneier sinn. Da kennden doch ähmsogut de Hiehner welche legen, so kleene Hasen draus wern.

Nee, das kenn die ähm nich! Das iß was gans andres.

Wieso denn, Babba?

Weil dr Osderhase ä gans besondres Dier iß. Der kann alles Meegliche, was andre Diere nich kenn.

Ach so. Drum kann der wohl ooch Eier legen, wo Bralinees drinne sinn – oder solche offgeklabbde, wo Fimfmarkschdickeln rausgucken, aus Schokolade unn Silwerbabier?

Ja, das kann der alles.

Da kennde der eegendlich ooch mal welche legen, wo richdge Fimfmarkschdickeln drinne sinn, ich meene aus richdgen Geld gemachde. Wo mr sich was drfor koofen kann.

Das kennde der ooch, wennr wellde. Awr das will der ähm nich. Da denkt der wahrscheinlich, wie komm denn ich da drzu? Da habb ich doch gar keene Franlassung drzu. Die meegen sich doch ihr Geld frdien, wasse brauchen. Ich muß doch ooch arweiden!

Arw wennr wellde, da kennde der das?

Selbstfrschdändlich kennde der das, wennr wellde. Ich habb drsch doch schon gesagt: der kann alles.

Ooch Drombede blasen? Unn Radfahrn? Unn Kinderwagen schiem? Unn Schdrimbe schdobben? Da habb ich nämlich jetzt mal gans fiel Bosdkarten gesehn, wo der das alles machen daht.

Das iß bei den weider nischt. Das iß, als mißde das nur so sinn.

Hm... Awr weeßde, Babba, – äwas kannr drwegen doch nich!

Da bin ich awr geschbannt. Was soll dn das sinn?

Richdj schreim kann'r nich.

Woher willsde denn das wissen? Der werd schon richdj schreim kenn!

Nee, das kann der ähm nich! Wenn der in unsre Klasse ging, bein Owerlehrer Graubner, da däht der in Ordegrafie de Fimfe kriegen.

So ä Kwadsch! Wie de bloß da droff kommst?

Nu, guck doch her! An den een Osderei, ähm wo das Hiehnerbuddel rausguckt, da schdeht doch dr Breis dran.

Unn da iß »Fenge« bloß midn Eff geschriem, forne, anschdadd midn Bee-eff . . .

Der Gipskopf

Da machen se enne Briehe midn Geedhe. Fr was dn eegendlich?

Nu, weilr hundert Jahre dohd is.

Wenn mier mal hundert Jahre dohd sinn, da kräht kee Hahn mehr nach uns.

Mier sinn doch ooch nich so beriehmt. Mier schdehn doch ooch nich in dr Lidderadurgeschichte. Unn was Bedeidendes geleisdet hammr ooch nich.

Un Geedhe?

Awr erlaum Se mal! Sie schein' Geedhe iewrhaubt nich zu kenn'?!

Nadierlich kenn' ichn. Gans genau. Den Gibbskobb.

Wie nenn' Sie unsern greeßden Dichder? Enn Gibbskopp? Sie, lassen Se das niemandes heern. So eine Reschbekdlosigkeit! Ä Werk wie dr Faust werd filleicht in dausend Jahrn nich wieder geschriem!

Das is doch ooch nich needj. Ich habb da nischt dran frlorn. Mier is dr dägliche Leidardikel im Ahmdbladd wichdjer wie de ganse deidsche Lidderadur. Ob se nu fon Geedhe is oder fon een andern solchn Gibbskopp.

Sie, jetzt werds mir awr zu dumm! Im Nahm' dr deidschen Nazzjohn frbidde ich mir das, daß Sie unsern erhahmnen Dichderfürschden nochmal enn Gibbskopp nenn'! Ferschdanden?

Was heeßt ferschdanden? In mein' Oogen is un bleibdr eener. Un wenn Se's nu nochmal sagen, da nemm ich Ihn' das berseenlich iewl.

Da gibbds doch nischt iewlzunemm. Komm' Se doch mal mit zu uns in de guhde Schduwe, da kenn' Se'n schdehn sehn offn Ferdikoh, den Gibbskobb. Da schdeht der nämlich seit zwansj Jahrn mit sein' finsdern Gesichd unn seiner Kinsdlermähne.

Was reden Sie da?! Geedhe soll enne Kinsdlermähne hamm unn enn finsdern Blick?

Jawohl. Unn aus Gibbs issr. Unn im Lauf dr Jahre ä bissl grau geworden, fon Schdoob. Das war nämlich ä Hochzeidsgeschenk.

Awr enn finsdern Blick hat Geedhe nich, un ooch keene Kindslermähne. Mißden Sie das filleicht mit Beedhofen ferwechseln?

Beedhofen? Sie der Name kommt mir bekannt for. Un off den dähde das wohl zutreffen?

Ja, der werd meist so dargestellt.

Nu, da werd das schon so sinn, wie Sie sagen. Dranschdehn duhds nämlich nich, wer der Gibbskobb sinn soll. Awr urschbringlich warns ihrer zwee'e. Unn daß eener drfon dr Geedhe war, weeß ich beschdimmt. Awr dann war das ähm dr andre, der is uns mal rundergefalln un doddahl kabuddgegangen. Na meindwegen. Gibbskobb is Gibbskobb. Unn wenn se uns damals was Brakdischeres geschenkt hädden, filleicht enne Kaffeemiehle oder enn Scheiereemer, da hädden mier uns sowieso mehr driewer gefreut.

Da schein' Sie ja nich fiel Kuldur in Leiwe zu hamm!

Wieso denn? Sinn das bei Ihn' filleicht keene Kuldurgegenschdände: enne Kaffeemiehle unn ä Scheiereemer?

Der Mai ist gekommen

Gesdern hamm mier noch gesung: Komm liewr Mai unn mache! . . . unn heide kenn mier schon sing': Dr Mai iß gekommen. Sinn Sie da ooch so froh driewr wie ich?

Offn geschdanden, ich bin kee großer Sänger.

Das handelt sich doch ooch nich bloß um die Lieder. Das handelt sich doch haubdsächlich um die Dadsache. Die Lieder, die dricken das bloß simmbolisch aus. Was das allemal fr ne Sehnsucht iß bei mir, bis mr wieder sing' kenn: in wunderscheenen Monat Mai, als allse Knosben schbrangen . . . Mei eensjer Gedanke iß schon lange forher: Wemmer bloß erscht dn Abbril iewrschdanden hädden, mit sein Abbrilwedder unn seiner Iewrgangsdemberadur. Wo de Nadur noch nich richdj weeß, woran se iß, unn de Läwewelt – ich meene: wo de Läwewesen sich noch nich gedraun, ihre Herzen aus'n Winderhilln auszebacken. Weilse Angst hamm, 's kennde noch zu zeidj sinn.

Sie hamm wohl in Mai Geburdsdag?

Nee. Awr ich fiehl mich drwegen wie so ä Maikätzel. Dr Mai unn ich, mier sinn wie zwee alde Laadschen, so gehärn mier zusamm. Wennse mich mal fragen dähden, so in ferzj, fuffzj Jahrn, in welchem Monat ich an liebsden schderm däht, da däht ich ohne weideres sagen: in Mai. Wenn de Maigleckchen leiden, unn de Lämmlein schbring', unn in dn schdädtschen Anlagen de Wege mit frischen Kies beschdreit sinn. Wenn de Wanderfeegel wieder nausmachen mit ihrn Wimbeln, unn de Liewesbärchen wieder in Schdadtbark bussiern kenn, ohne dasse dn Schnubben kriegen unn kalde Fieße.

Nu, dr Mai hat mitunter ooch noch gans scheene kalde Nächde.

Ja, awr doch sehr fr'einselt. Unn bloß in Anfang. Jedenfalls fon mier aus, wenn ich das zu beschdimm hädde, – da mißde 's ganse Jahr bloß egal Mai sinn.

Um Goddeswilln!

Warum sagen Sie dn da: Um Goddeswilln? Das däht Ihn' wohl nich bassen?

Das hielt ich iewrhaubt nich aus.

Nu he!... Was dähden Sie dn angähm, was 's ganse Jahr sinn mißde, wenn Sie 's zu beschdimm hädden?

Februar.

's ganse Jahr Februar? Warum dn? Da isses doch so kalt!

Das schbielt gar keene Rolle. Awr bloß achdenzwanzj Dahche hadr. Unn da brauchen mier Gehaldsempfänger nich so lange offn Erschden ze warden...

Fausts Osterspaziergang

Also, letzde Schdunde hamm mier Fausts Osderschbaziergang beschbrochen. Habbdern alle gelernt? Los, Schdeinert, sagn mal her!

»Fon Eise befreit sinn Schdrom unn Bäche... durch des Friehlings holden, beläwenden Blick... In Dale grienet Hoffnungsglick.«

Das iß nischt. Das mußde fiel gefielvoller sagen. Dr Dohn liegt auf »grienet«. Weil grien die Farwe der Hoffnung iß. – Freelich, mach weider in Deklamiern! »Der alde Winder...«

Ich habbs nich gelernt.

Was, du fauler Limmel, du hasd's nich gelernt?

Nee. Mei Fader hads mier frbohden. Unn ich soll Ihn' enn scheen Gruß sagen unn er wellde sich bein Direkder beschwern, weil Sie uns das aufgegähm hamm. Wegen der anschdeeßgen Schdelle.

Wegen was? Wegen enner anschdeeßgen Schdelle?

Ja. Wos heeßt: »Unn sie sinn selwer auferschdanden aus Handwerks- unn Gewerbebanden.« Das wär enne große Beleidjung. Das kennden Se filleicht fon Zigeinern sagen, die Debbe einschdricken unn Ferde mausen, awr nich fon enn anschdendgen Klembnermeesder. Das will der sein Innungsforschdand melden, unn da dähden Sie schon sehn, wasse erlähm wern. Unn iewrhaubt... das Gedicht wär gans großer Schwindel. Kee Word fon Audos – unn in der Dorfkneibe, da mißden se ä Grammefon hamm, daß Schdimmung werd! Dann wär das erscht lähmsgedrei.

Ihr habbt ähm keene Ahnung fon dr deidschen Lidderadur! Bei eich isses schade um die fiele Miehe, die mr sich gibbt. Daßrsch nr wißt: de Berln schmeißt mr for de Seie, wemmer eich so ä erhahmnes Werk erleidert! Unn so ä Dichter, der kann een leed duhn, wemmer bedenkt, daß der ooch fr eich Hornochsen seine boedsche Ader angeschdrengt hat. Armer Geede in dein unschderblichen Himmel! Du weeßt, was ich mr fr Miehe gegähm unn wie ich mich beschdrebt habb forje Schdunde...

Herr Lehrer! Seit wenn sinn Sie denn Schbiridist, daß Sie mit Geisdern reden?

Wolldr schdille sinn! Das mach ich doch, wie ich will. Unn jetzt nemmdr eire Aufsatzhefde raus. Dehma: Was hat Geede mit sein Osderschbaziergang ausdricken wolln, Emfindungen unn Gefiele? a) fon Menschen – b) fon Flansen – c) fon Diern – d) fon dr Naduhr in allgemein – e) fon dr Naduhr in schbezielln?

Kuckuck, Kuckuck!

Fix, Kinder, dr Guggugg ruft, da mißdr an eier Bordmonneh klobben!

Warum dn, Babba?

Klobbt nr, klobbt nr! Ihr sehds doch, ich klobb ooch! Das iß ja großardj – ach du guhder Guggugg, um' Hals falln kenndj dr! Warum bisde bloß so schei, du butzjer Fogel, daßde dich nich mal sehn läßt? Da kennde mr doch wenigsdens Dankescheen sagen.

Fr was dn Babba?
Habbdr fesde geklobbt? Ich gloowe, jetzt hadr offgeherrt.
Ja. Den duht filleicht dr Schnawel weh.
Das kann schon sinn. Awr de Haubdsache is, daß mier alle ans Bordmonneh geklobbt hamm.
Ja, also das iß so: wenn dr Guggugg ruft, in Friehling, unn mr heerds, da muß mr an sei Bordmonneh klobben, daß mr 's ganse Jahr Geld hat.
Issn das meeglich?
Nu, ich wer eich doch nischt erzähln, was nich wahr iß?
Awr, wie kommdn das?
Das frschdeht ihr noch nich so. Da seid ihr noch zu kleen drzu.
Awr du frschdehsds?
Nu allemal.
Da kenndsdes uns drwegen mal sagen. Filleicht frschdehn mrsch doch ooch ä bissel.
Na meindwegen. Also das iß so: Mei Fader, der hat das fon sein Großfader gewußt. Das iß icwrhaubt schon gans alt.
Awr das muß doch ärgendwie komm.

Nadierlich kommt das ärgendwie.

Nu ja, awr wie denn? Du wolldesds uns doch sagen.

... Guckt, Kinder, hier bliehn schon de Glockenbluhm! Wolldr nich ä baar flicken unn dr Mamma mit heemenemm?

Das kemmer nachher ooch noch machen. Erscht muß du uns das mit den Guggugg erklärn.

Also he! Missen duh ich garnischt, merkt eich das mal! Unn wennr nich bald offheert mit eiern dämlichen Gefrage, da kenndj heechsdens noch grob wern. Das hängt een doch zum Halse raus. Da kammer doch reeneweg fr'rickt wern fon eiern Gefrage, eiern ewjen.

Awr du wolldest uns doch...

Wennr jetzt nich schdille seid, derfdr 's nächste mal nich wieder mit. Frschdanden? Also wie isses, wolldr nu Glokkenbluhm flicken oder nich?

(Die Kinder, mit undefinierbaren Gesichtern, wortlos, pflücken Glockenblumen.)

Gespräch über Pfingstbäume

Ich weeß gar nich, was Sie gegen die Fingsdbeime hamm. Das iß doch sone scheene deidsche Sidde. Unn außerdem heeßds doch immer: »Schmicke dein Heim! Mach drsch gemiedlich drheeme!«

Das machen mier ooch. Awr mit andern Sachen. Zum Beischbiel offn Ferdikoh, da hamm mier enne kinsdliche Balme, die iß ooch grien. Das heeßt, aller baar Jahre, da werd se grau, fon Schdoob, awr da duhn mier se ähm frisch lackiern.

Unn offn Banneelbredd, da schdeht bei uns dr Drombeder fon Säcking', aus Gibbs, awr der hat keene Drombede mehr. Die hamm de Kinder mal abgebrochen. Awr so ä Maiboom zu Fingsden, nee – das däht uns fiel zu sehr dauern. So ä zardes Beimchen um sei jungen Lähm ze bedriegen! Das iß doch Sinde!

Ä, wemmersch ganse Jahr nich groß aus sein fier Fähln nauskommt, da will mr doch ooch wissen, wenn Feierdahche sinn. Unn grade zu Fingsden, wo de Naduhr mit ihrn Bliedenzauwer erwacht iß...

Ich weeß nich. Mier ging das durch unn durch, wenn ich so ä unschuldjes Beimchen schdehn sehn däht unn mißde egal denken: der kennde nu noch draußen sinn, bei sein Geschwisdern, anschdadd daß jetzt bloß noch ä kleener Stumbel da iß, unn filleicht ä baar Sägeschbäne. Das hädde nu e schdaddlicher Boom wern kenn, mit enn ganz dicken Schdamm. Da häddr dann seine nadierliche Beschdimmung erfilln kenn:

enn mieden Wanderschman kiehlen Schadden zu schbenden, und Bärkenwasser zu gähm, fr de Frscheenerung des Dängs, unn zum Haarewaschen.

Bärkenwasser? Das gibbds doch in dr Abbedehke.

Mier holn uns unsersch selwer. Da muß mr ä Loch neinbohrn, awr bloß in die ganz großen Beime, unn da muß mr ahmds ä Debbl drunderschdelln un iewr Nacht schdehn lassen... un frieh isses foll. Drinken kammer das iewerhaubt ooch. Da hat mr immer Erfolch in Lähm. Besondersch in dr Liewe.

Nu horchense mal! Was Sie da machen, das iß doch noch e fiel greeßrer Frähfel. Wenn Sie die Beime zu weider nischden groß wachsen lassen, da mißden Sie sich eegendlich noch fiel mehr schäm' als mier mit unsern Fingsdbeimchen. Oder wissen Sie filleicht nich, daß so ä Boom, wemmer dn Saft abzabbt, reddungslos eingehn muß?

Gloomse nr das Zeig nich! Das iß gans andersch. Das Bärkenwasser, das sinn nämlich so een Boom seine Drähn'. Un wemmer da kee Loch neinbohrt, da komm die wo andersch raus. Die weent der nämlich aus Drauer, daßn de Leide seine liem Kinder endfiehrt hamm, als Fingsdbeime. Unn daß der eingeht, daß iß aus Kummer. So ä Boom, der hat drwegen ooch enne Seele in sein schlankn Leiwe. Unn ä Härz.

Ä Boom?

Jawohl, gloomses nr! Was de Naduhr anbedrifft, da weeß ich besser Bescheed wie Sie.

Woher dn?

Woher? Weil mier in Naduhrschutzfr'ein sinn!

Lindenblüten

Na nu, seit wenn hamm Sie denn Karnickel? Hamm Sie denn iewrhaubt enn Schdall?

Nee. Wie komm Sie dn drauf?

Weil Sie sich so enn Sack foll Grienes geholt hamm.

Das is doch kee Karnickelfudder. Das sinn doch Lindenblieden.

Lindenblieden? Wo hamm Sie dn die her?

Fon dr Lindenschdraße.

Wasse nich sagen. Fon dr Lindenschdraße. Lindenblieden fon dr Lindenschdraße. So ein Zufall. Awr horchen Se mal: da wolln Sie doch Dee drfon machen?

Forleifj werdr erscht mal gedrocknet.

Nu ja, awr dann isses doch Dee. Is der Ihn' nich zu dreckj? Wenn Sie die Lindenblieden off dr Lindenschdraße offgelesen hamm, da is doch dr ganse Schdraßenschdoob noch dran.

Die habbich doch nich offgelesen. Die habbich doch geflickt.

Da sinn Se off de Beime geschdiegen drzu? Awr Sie hamm doch gar keene Leider mit?

Die brauch ich ooch nich. Ich habb bloß mitdn Schbazierschtock die Äsde bissel rundergezogen, daß ich bekwemer drzu konnde.

Wenn Sie nu da jemand drbei erwischt hädde?

Drum bin ich doch frieh beizeiden gegang. Unn außerdem is da ooch 's Arrohma am besden.

Awr wiefiel Sie hamm! Da drinken Sie wohl jeden Dahch Lindenbliedendee?

Mier? Um Goddeswilln! Mier trinken iewrhaubt keen.

Da wolln Sie 'n wohl frkoofen?

Das hädden mier grade needj!

Awr ärgendwas missen Sie doch drmit machen. Fr nischt unn wieder nischt wern Sie sich doch nicht die Arweit machen, unn die Angst ausschdehn, dasse schließlich doch mal erwischt wern. Das is doch Diebschdahl.

Das mach ich schon seit fieln Jahrn. Mein Brinsieb is nämlich: Was nischt kost, werd midgenomm.

Wiefiel solche Säcke hamm Sie denn da schon drheeme? Wo schdabeln Sie denn das Zeich auf? Da missen Se doch bald exdra enne Schtuhwe drzu brauchen.

Wieso denn? Das klabbt doch allemal grade so, wenns neie Lindenblieden gibt, daß da die fon Jahr forher alle sinn.

Jetzt wer ich bald iewrhaubt nischt mehr sagen. Drinken duhn Se den Dee nich, frkoofen duhn Se 'n ooch nich – unn drotzdem werdr alle. Wie gehdn das zu?

Sehr eefach. Der kommt in de Bodenkammer. Unn da hammier Meise. Unn so lange wie die Lindenblieden zu fressen hamm, da fressen se nischt andres. Wenn se aber doch mal was iebrig lassen, da komm dann in Friehjahr de Modden nein. Unn die machen ihre Arweid so grindlich, dasse meist sogar dn Sack mit fressen.

Pfingstbesuch

Unn was winschdn de Frau Leisdner? Wie immer, ä Achdel Emmdahler, unn ä baar Radieseln? Oder enn gereicherden Hering?

Nee, ich mechde heide mal bissel baar bessre Sachen.

Aal in Schellee? Oder Lachs in Scheim. Oder Serflahdwurscht?

Nu ja, gähmse nr fon jeden was.

Sie wolln wohl Geburtsdahg feiern? Oder hamm Sie silwerne Hochzeit?

Nee. Awr mier kriegen Besuch de Feierdahche.

Ach so. Nu ja, Fingsden iß awr ooch eene scheene Zeit zum Fr'reeßen. Wer kommt dn da bei Ihn'?

Mein Mann seine Schwesder, mit ihrn zwee Kindern. Mei Schwager kann gloowich nich midkomm, weil der Bahnhofsforschdand iß, unn da werd der wohl Dienst hamm.

So, na da fiel Schbaß mit Ihrn Besuch! Wollnse ä Schdikkel neie saure Gurke, oder enn Reddj?

Nu ja, duhn Se nr drzu, was Se denken. Das kommt mal nich so droff an.

Das machen mier ooch. Wenn jemand fon dr Frwandtschaft da iß, da lassen mier uns nich lumben. Dasse een nich bereden kenn hinderher. Da gibbds nämlich welche, die sinn schlecht. Wenn kommdn Ihr Besuch?

Morgen. Baar Domaden kennse ooch mit gähm, awr scheene fesde.

Domaden? Frau Leisdner, da mecht ich Ihn' enn Rahd gähm: kommse nach den Domaden doch liewer morgen nochmal mit frbei. Da habb ich frische. Die hier sinn ja zum Deil noch gans scheen... awr bis morgen wern se sich wohl kaum halden. Un weeche wollnse doch nich hamm?

Nee. Awr Ihre frischen morgen, die nitzen mir nischt.

Sie hamm wohl keene Zeit morgen? Nu ja, ich gloobs schon. Awr ich kannse Ihn' doch ooch niewerschicken. Das macht gar keene Umschdände. Iewrhaubt, wennse nich alles drahchen kenn, da lassense doch de Hälfde da. Ich back's Ihn' scheen zusamm, unn morgen frieh hamm Ses driem. Oder middahch – wie Se wolln.

Was reden Sie denn egal von morgen?

Hamm Sie nich gesagt, Ihr Besuch kommt morgen? Oder habb ich mich da frheert?

Nee, da hamm Se sich nich frheert. Der kommt morgen. Awr deswegen wolln mir doch heide nochmal ä anschdändjes Ahmdbrohd machen...

Sommerfrische

Gloomse, eegendlich isses großer Bleedsinn, daß mr in de Sommerfrische fährt. Das iß schade ums Geld.

Awr mr iß doch mal wo andersch. Unn hier isses doch ooch scheen. So ä feines Lokal.

Was soll dn das besonderes sinn?

Nu, sehnse nich die scheen' bunten Lambjongs?

Das kindsche Gelumbe! Das missen mier bloß alles exdra bezahln. Da drfor kost jedes Glas Bier enn Fimfer mehr.

Nu, lassen Ses doch! 's sinn doch nich alle so wie Sie.

Mir zum Beischbiel, mir gefällds hier. Unn die grien Girlanden iewrall!

Denn sinn wahrscheinlich de Beime noch nich grien genug. Awr das iß mit alln dasselwe.

Was dn?

Dasse das off de Breise droffschlahchen.

Nee, wie Sie bloß sinn! Hamm Se denn gar kee bissel Scheenheedsgefiehl in Leiwe! Guckense nr, die fein Dischdecken! Unn die Blum' iewrall! Mr merkt doch glei, daß mr nich in dr erschden besden Kudscherschduhwe iß. Unn solche Klammern hammse ooch, daß dr Wind nich de Dischdekken fordweht.

's kann ähm nich genug kosden. Awr die hamms ja. Die frlang' ähm endschbrechend mehr fr ihr Zeich.

Kommse schon wieder da drmit?

Nu ja, ich rechen ähm. Wenn das alles nich wär...

Sie, ich will Ihn' mal was sagen: was Sie da reden, das iß alles kolossaler Kwadsch.

Wieso denn?

Nu, wenn das alles so wär, wie Sie sagen, mit den frschiednen Fimfern... un mr schdellt sich mal for, die hädden keene Lambjongs, unn keene Girlanden, un keene Blum' offn Dischen, unn iewrhaubt alles das nich...

Was wär dn da?

Da mißdense Ihn' doch fr jedes Glas Bier, wasse drinken, noch was rauszahlen.

Nu, denken Sie filleicht, das däht ich nich nemm?

Sommerfrischen-Erlebnisse

Wie bloß de Zeit frgeht. Morgen missense nu schon wieder heem. Awr ich sahch immer, de Haubdsache iß, dasses den Schdädtern bei uns gefalln hat.

Nu, uns hads schon gefalln. Mier hadden doch ooch scheenes Wedder. Wissense, wemmer allemal hädden dn Scherm mitschlebben missen, wemmier ä Schdickel schbaziern gehn wollden, da wärsch nich halb so scheen gewesen.

Unn sonst hads Ihn' doch ooch bei uns gefalln. Ich meene: in allgemein un so.

Ach, 's Essen hat uns geschmeckt unn genug warsch ooch... Bloß, offen gesagt, awr Sie derfens uns nich iewl nemm, zwee'erlee hädde nich unbedingt zu sinn brauchen. Erschdens, daß dr Misdhaufen grade under unsern Fensder war – unn zweedens, daß dr Hahn jeden Morjen um dreie angefang hat mit Krähn. Da hädden mier manchmal gans gerne noch ä bißchen geschlafen. Awr da kenn Sie nadierlich ooch nich drfor.

Sie, jetzt muß ich awr lachen, nemmse mrsch nich iewl. Das häddense doch ehr sagen kenn. Der Misdhaufen, der hat nämlich sein Blatz eegendlich weider driem bei dr Scheine, unn der Hahn, der kräht ton sich aus immer erschd um fimfe. Awr mier hamm exdra den Misdhaufen riewergeschafft, unn den Hahn um dreie geweckt. Wegen Ihn'.

Wegen uns? inwiefern denn wegen uns?

Weil Sie geschriem hadden, Sie wollden mal so richtdj ferzn Dahche in idillischen Landlähm frbring'...

* * *

Sie sinn so ruhig. Ihn' baßt wohl was nich? Mier gähm uns awr doch de greßde Miehe, Ihre Anschbriche zufriedenzuschdelln.

Ach, gegen Sie hamm mier nischt. Bei Ihn' sinn mier guhd offgehohm. Awr die Leide in Dorf, die benemm sich midunder ä bissel sehr zudraulich. Das schdert uns. Das kommt uns so reschbektlos for. Wemmer die zum Beischbiel was fragt, da nenn' die een alle glei du, als ob mr schon mal Kiehe mit denn gehiet' hädde. Un wemmer schbaziern geht, unn ruht sich mal bissel aus, da kommt eener unn setzt sich nähm een, unn klobbt een off de Schulder unn biet' een enn Briem an, oder enne Briese Schnubbdawak. Unn fluchen duhn se so, unn iewerhaubt hammse solche Kraftausdricke. Unn alles ber du – als ob mr wer weeß wie indihm midn wär. Heide middahch hat sogar eener meine Dochder gefragt, obrschr nich mal demonschdriern sellde, wie mrsch bei enner Zieche machen muß, daß Milch kommt. Das geheert sich doch nich.

Ja, wissense, das meen' die off ihre Art ooch guhd. Da war nämlich forjes Jahr eener da, der sagde immer, das Folksdiemliche, das wär sei alles. Unn wenn die sowas Urwieksjes gesagt hamm, da hat der sich das allemal offgeschriem. Seiddem denken die, se machen dn Sommergäsden enne Freide, wennse so sinn...

Mückenstiche

For Micken, da habb ich Reschbekt. Die kenn enne ganse Familie ins Unglück schderzen.

Micken?

Nu, die sinn doch gefährlicher wie de Kreizoddern. Wenn Sie heide eene Kreizodder beißt, da wissense morgen, woran Se sinn. Endweder Se schderm, oder Se wern geredd'. Awr bei enn Mickenschdich, da kenn sich de Folgen jahrzehndelang hinziehn. Das hamm mier bei unsern Großfadern selwer erlebt.

Wie soll dn das zugegang' sinn?

Das is so zugegang: Mein Großfader, den hat mal ne Micke geschdochen. Unn da hadr Umschläge gemacht mit essijsaurer Dohnerde, awr das iß drwegen gans dick angeschwolln, grade an dr rechden Hand. Nach ä baar Dahchen warsch ja wieder frbei, awr die Dahche konndr seine Schkahdkarden ähm doch nich richdj halden. Unn weil der reene fr'rickt war offs Schkahdschbieln, da hat der nu simbeliert unn simbeliert, wassr machen kennde, daß das nich wieder forkäm. Unn da hadn jemand gesagt: da gibbds bloß ee Middel: saufen! Da drfon kriegt mr saures Bluhd, da beißen een die Biesder nachher nich mehr. Unn das hat ooch geholfen.

Na also, was reden Sie dn da, fonwegen eene ganse Familie ins Unglick schderzen?

Warden Ses doch ab! In sein Suff, da hat der nämlich wieder geheirahd. Das war das Unglick. Dadroffhin iß der mit sibbzj Jahren geschdorm.

Das is doch ä gans scheenes Alder.

Ach, was mei Urgroßfader war, mein Großfader sei Fader, der is bald achdzj geworden. Unn was mein Großfader sein Bruder iß, der lebt heide noch. Der is an de neinzj. Unn außerdem sinn doch durch das Heirahden ooch unsern Großfader seine ganzen Erschbarnisse alle geworden, ähm was zum Beischbiel die Schkahdgewinne warn. Unn was noch iebrig war, da hat seine Widdwe 's merschde drfon gekriegt, unn mier bloß gans wenig.

Awr soll denn das werklich alles fon den Mickenschdich gekomm sinn?

Nu, ich habbs Ihn' doch gans ausführlich erzählt. Fr uns gibbds da nichn geringsden Zweifel. Wenn das mit denn Mickenschdich nicht geweesen wär, da hädde der sich nich 's Saufen angeweent. Un wenn 'r das nicht gemacht hädde, da hädde der nich noch mal geheirahd. So greift in der Sache eens in andere. Bloß eens wissen mier nich genau, awr das is enne Kleenigkeet: nämlich ob das damals iewrhaubt ä Mickenschdich gewesen iß bei unsern Großfader. Ä baar in unsre Familie behaubden, das wär keener gewesen, sondern unser Großfader hädde in enne Brennessel gegriffen. Unn das Angeschwollne, wo'r de Schkahdkarden nich halten konnde, das wär von der essjsauern Dohnerde gekomm'...

Der Schulausflug

Nu, wie war dn Ihrer Glara ihr Schulausflug?

Ach, gans scheen. Mier Midder hadden scheene Underhaldung. Da gabs allerhand Neiigkeeden. Da warn doch aus alln Schdadtverdeln welche mit. Un jede wußde was andres. Awr mein Ärger habb'ch drwegen ooch gehabbt. Ich hadde doch mein Allfongs mit, weil'chn nich alleene drheeme lassen wollde. Un der hat sich nu sein Schbaß machen wolln un hat die Mädeln mit Sand geschmissen. Da häddense bloß mal die andern Midder heern solln, wie gefährlich die duhn konnden. Also grade, als ob se den Jung nich das bissel Frgniegen gennden. In de Oogen kennde der Sand gehn, hammse gesagt, un aus' n Haarn kriegden se'n wer weeß wie schwer wieder raus.

Das war filleicht ä bissel Deahder. Was gloomse denn, was ich mich da habb offregen missen. Mit der een Mudder, da habb ich mich alles Meegliche genannt. Awr mier wurden bloß nachher underbrochen. ‘s war eegendlich schade, weil das mit meiner Glara ihrn Kleed bassierde.

Die hat sich wohl‘ s Kleed zerrissen?

Nee. Awr in der Kneibe, wo mier warn, da isse mal in Schdall gegang, un nu weeß ich ooch nich, isse hingefalln oder hadse wo angedroffen, jedenfalls hadde se enn gans großen Fleck in Kleed. Un der geht ooch nich wieder raus.

Frsuchen Ses doch mal mit Bersil!

Das hat nu keen Zweck mehr. Das hädden mier uns erscht iewrlegen solln. Eh mier das mit denn Schdift gemacht hamm. Da hamm mier uns nämlich von den Leiden enn Fleckenschdift gähm lassen, un da is die Schmiere erscht richdj fest geworden. Wie Bech. Un knochenharde.

Wer weeß, was das fr ä Schdift war?

Ä Warzenschdift! Awr das hamm mier ähm erscht hinderher gelesen off den Silwerbabier. Die Leide sagden nachher, se hädden solchen Draasch gehabbt wegen den fieln Gäsden, un da häddense dn falschen erwischt... Ja, das sinn ähm solche Sachen. Ich gloowe, nächsdes Jahr mach ich nich wieder mit.

Da sinn se awr ooch nischt gebessert. Wer weeß, was da alles bassiert.

Das kann mier nachher egal sinn. Da kenn doch wenigsdens die andern Midder nich so de große Gusche hamm, daß‘ch besser off meine Kinder offbassen sollde. Un mit denn Fleck in denn Kleed, da braucht‘ch mr ooch keene Kobbzerbrechen zu machen. Da schdell ich mich einfach off den Schdanbunkt, daß dr Lehrer nicht genug offgebaßt hat, un da muß de Schule meiner Glara ä neies Kleed koofen.

Da wernse wohl kee Glick drmit hamm.

Das wern mier schon sehn! Das wär doch gelacht! Zu was bezahln mier' n unser Schulgeld?

Die Ruine

So enne Ruihne, daß iß was Komisches. 's iß nischt, unn 's iß doch ooch wieder was.

Das iß doch nischt Komisches. Das iß doch was sehr Ernsdes. Wemmer sich iewrlegt, wie da Brunk unn Bracht in Drimmern liegen, unn fonn schdolser Herrlichkeet iß weider nischt iewrig gebliem als wie ä baar Mauern, wo dr Ahmdwind durchfeift, unn wo Schdreicher droff wachsen anschdadd Dabeede. Unn wo Wurschdschahln rumliegen anschdadd kostbare Berserdebbje. Das hamm die nämlich alles gehabbt. Das hamm die doch aus'n Kreizziegen midgebracht, die Ridder, wo se in dr Derkei warn.

Denn isses ähm zu wohl geworden. Awr was hammsen nu drfon? Was hadden denn ihr ganser Reichduhm genitzt? Nischt!

Ja, das iß ähm dr Zeiden Lauf. Die hadden nu nich off Sand gebaut, sondern off Felsen, awr eingeschderzt iß ihr Zeich drwegen. Dadrum schdimmt mich doch das so ernst, so ne Ruihne. Das sieht mr doch, der dr Zahn dr Zeit blindwiedj drofflosdohbt unn alles kurz unn kleen haut. Ich wunder

mich bloß immer, nemmse mal an... also ich wills ja nich beschrein, awr nemmse mal an, unsereen reißt heide ä Gewidderschdurm 's halwe Dach ab, – da schreim mier an de Frsicherung. Die macht zwar erscht ä baar Schberensjen, awr nachher missen ses doch reebariern. Das musses damals noch garnich gegähm hamm.

Und wenns das schon gegähm hädde, da hädden die noch nischt drfon gehabbt. Daß denn ihre Schlesser unn Burchen zrschdeert wurden, das war doch de Schdrafe fr ihr reiwerisches Duhn.

Awr was hamm denn die da gemacht, wo se keene Bleiwe mehr hadden?

Die hamm sich noch ne Weile kimmerlich fon Gras unn grien Kreidern ernährt unn dann sinnse geschdorm.

Awr ihre Kinder?

Die hamm doch bloß gans wenig Kinder gehabbt. Wissense denn das nich, daß die damals de Kinder bei lewendjen Leiwe eingemauert hamm?

Um Goddeswilln? Soll das wahr sinn?

Nadierlich. Urschbringlich war ä Awrgloowe drbei, unn nachher warschn zr Gewohnheet geworden.

Die missen awr doch schließlich ärjendwie Hinderbliemne gehabbt hamm, die dann ihre rechdmäßigen Erm warn unn denn das Zeich nachher geheerde. Die häddens doch wieder offbaun kenn. Unn das kennden die sogar heide noch machen.

Die? Die denken garnich dran. Und da wärn die ooch scheene dumm. Briegel wärn die da wert.

Wieso denn?

Wieso? Nu, sehr eefach: das sinn doch die, die immer nähm den Ruihn' die Kneiben offgemacht hamm. Fr die iß doch so ne zrdebberde Ruihne de besde Reklahme. Sonst ging doch kee Mensch hin.

Meen sie wärklich, daß die fon den Raubriddern abschdamm?

Nu, – das merkt mr doch schon an denn ihrn Breisen!

Wetterkunde

Mann, du bist gemeene!

Nu he, warum dn?

Weil du das den Hund nich frbiedst!

Was dn?

Daß 'r kee Gras fressen soll!

Lassn doch, wenns'n Schbaß macht! Da werd der nich glei dran schderm. Das iß fr enn Hund genau dasselwe, wie wenn unsereens Schbinahd ist.

Das iß was gans andres. Du weeßt doch, daß ich morgen Wäsche habb!

Was hadn das mit unsern Hund zu duhn?

Iewrmorgen will ich doch offhäng‘, zum Drocknen.

Das kannsde doch!

Nee, wenns rägent, kann ich das ähm nich. Awr ich weeß schon, du willst mir bloß dobbelte Arweit machen.

Ich? Wie kommsde denn da droff?

Nu, wenn de Wäsche so lange zum Drocknen braucht, da werd se doch wieder gans foll Ruß. Unn da muß ich se nochmal waschen.

Awr das hat doch nischt midn Hund zu duhn.

Nu schdellsde dich wieder dimmer, als wie de bist. Du weeßt doch gans genau, daß de Wäsche bei Räggenwedder nich drocken werd.

Awr 's rägent doch nich. 's scheind doch de Sonne!

Wielange denn noch? Wenn ä Hund Gras frißt, da fängds denselm Dahch noch an zu rägen, unn dann rägends fimf Wochen hindernander ununderbrochen.

Wer sagt dn das?

Daß iß enne alde Erfahrung. Die schdammt noch aus dr Felkerwanderung... wo se fon Schdadt zu Schdadt zogen, unn weils noch keene Eisenbahn gab, mußden se loofen. Da hamm se solche Wedder-Regeln offgeschdellt, dasse wußden, ob se weider machen konnden oder ob se noch ne Weile in den bedreffenden Kwardier bleim mußden. Dasse nich in Rägen kam' unn sich de Kleeder frsauden.

Unn deswegen soll das was nitzen, wenn ich jetzt unsern Hund frbiete, daß'r kee Gras fressen soll?

Jawohl! Das nitzt, daß scheenes Wedder bleibt.

Awr wenns nu dn Nachbrschleiden ihrer nich frbohden kriegt? Da rägends droch drwegen!

Bei den filleicht. Awr doch bei uns nich!

Warum dn bei uns nich?

Weil miers unsern Hund frbohden hamm, daß'r kee Gras frißt. Unn mei eegnes Wedder, das iß mir nämlich wichdjer als wie andern Leiden ihrs. Wenn ich Wäsche offhäng will, unn bei uns scheint de Sonne, da kanns fon mir aus bein Nachbarschleiden in Schdrehm' gießen, das schdeert mich nich in geringsden!...

Die Blindschleiche

Guck, enne Blindschleiche!

Ach ja. Das arme Dier. Das dauert mich.

Warum dn? Der hat doch niemand was gedahn. Die liegt hier so scheen in dr Sonne unn läßt sich dn Buckel braun brenn. De Feegel heert se sing' unn ahdmet in folln Ziegen die wärzje Waldluft – de reensde Sommerfrische. Beneiden muß mr so ä Dier, awr nich bedauern!

Awr siehsde denn nich, wie derre die iß?

Die iß doch nicht derre. Die sinn ähm so schlank, fon Naduhr.

Das kommt bloß fon denn ihrn Unglick. Enne Kreede iß ooch dick unn fedd. Awr die iß drfor ooch sadd fon frieh bis ahmds. Währnd sone Blindschleiche de greeßde Zeit ihres Lähms in enn draurigen Zuschdande frbringt.

In was denn fr een?

In Zuschdande des Hungersch.

Awr da sinnse doch selwer dran schuld. Denn ihr Disch iß doch reichlich gedeckt mit Gewärm, unn Grashibbern, unn kleen Ameisen unn Schbinn' als Nachschbeise. Die brauchen doch bloß zuzulang'.

Wie de nr so reden kannst! Als ob das so eefach wär!

Ach, du meenst, weill die Grashibber forthubben – nu, da missen se ähm Schnecken fressen.

Die sagen ooch nich: Komm, Blindschleiche, mach deine Gusche off, daß ich so freindlich sinn kann unn kann neinloofen. Mach, friß mich!

Warum solln dn die Schnecken das sagen?

Weil die se sonst nich sieht.

Warum dn nich?

Nu, so ne Frage! Weil die blind iß!

Die iß doch nich blind. Die hat doch Oogen.

Awr sehn kann se nischt drmit.

Nadierlich kann die sehn mit ihrn Oogen. Heb se nr mal off, wie die dich da dreiherzj anguckt, unn ä bissel wie ängsdlich drbei.

Das gloowich nich.

Da browiersch doch mal, unn iewrzeich dich!

Meensde?... Nu, da komm mal her, mei guhdes Dierchen. Na komm, bsch, bsch, bsch, bsch, komm her zun guhden Onkel, der duhdr nischt. Mach, laß dich nich so lange bidden, nu komm! Bsch, Bsch – ach, du dummes Luder! Jetzt macht die fort, anschdadd dasse herkommt. Awr ich weeß schon, die hat gedacht, ich bin ä Hahwicht oder enne Näwelkrähe, unn willse fressen. Drum iß die abgerickt.

So ein Bleedsinn, was du da frzabfst. Wie soll dn das Dier off den Gedanken komm, du wärscht ä Hahwicht oder enne Näwelkrähe?

Nu, ich sags doch schon die ganze Zeit: weil se blind iß!

Mutterglück

Guckense nr, Frau Semf, wiese drinne liegt! Wie ä kleener Engel. Ach, mier sinn gans glicklich. Da hamm de Leide immer gesagt, mir wärn zu alt un das däht uns zufiel Schererei machen – ach, woher denn? Ob Se's gloom oder nich, mei Mann unn ich, mier zangken uns immer drum, werse ausbinden derf, wennse..., nu, wenn 's ähm need'g is, dasse mal ausgebunden werd aus ihrn Bischbeddl unn aus 'n Windeln. Nee, guckense bloß! Richd'g in dr Nähe missense gucken, kommse nr gans dichde ran! Die zarde Haut! Unn die bumslige Nase, unn iewrhaubt der kleene niedliche Kobb, das iß zuu scheen alles. Unn gescheit is die? Also mr hälds nich fr meeglich, wie gescheit die is. Wennse bedenken: fier Wochen alt unn schon so offen Damme. Die heert alles, was mr redt, unn frschdehn duhdse jedes Wort. Awr die hat schon glei sowas Frschdandjes in Blick. Beowachden Se's nr mal, wennse de Oogen offmacht! Ermgardl, nu mach nr mal deine Guckeln off, de Frau Semf will se mal sehn. Nu mach nr, mei Ermgardl! (Sie stupst und rüttelt das Kind solange, bis es tatsächlich aufwacht.) Sehnse, also was habb ich gesagt! Jedes Wort frschdeht das Kind. Sogar in Schlaf. Also wenn ich das mein Mann erzähl, da werd der wieder scheene grinßen vor Freide, unn ich ... ich mit. Nee, so ä Glick! Da liegt so ä Kind in diefsden Schlaf, unn mr sagt gans leise: mach deine Guckeln off, – unn weiß Godd, se machdse off! Fressen kennde mr so ä Ding for lauder Liewe. (Sie nimmt das Kind aus dem Wagen.) Jawohl, fressen kenn'ch d'ch for lauder Liewe, du kleener sießer Balch du. Fressen, richd'g fressen! Ganns un gar fressen! Ermgardl, soll'ch d'ch mal fressen? Ach, du alde Guhde, nee, daß du de Oogen offgemacht hast ... (Dem Kinde paßt das aufgeregte Drücken nicht. Es schreit.) Also Frau Semf, sinnse nich ooch schbrachlos? Jetzt weent se. Nee, mei Buddl, brauchst keene Angst zu hamm, ich freß d'ch nich. Ich wär dich doch nich fressen. Was däht denn da dr Babba sagen? Unn iewrhaubt ... sowas sagt mr doch bloß, sowas macht mr doch nich. Heer nr off zu ween! Isses nich iewrwäld'gend, Frau Semf, jetzt hat das Kind mit sein fier Wochen genau frschdanden, daß ich gesagt habb, ich wills fressen. Ä, wer werd denn ween! Ich hab doch bloß Schbaß gemacht. Also nee, das Kind! Ich kann's gar nich erwarden, bis ich heemkomm, daß ich 's mein Mann erzähln kann. Ich bin bloß froh, daß Sies mit angesehn hamm, Frau Semf, sonst däht der'sch amende gar nich gloom ...

Kaffee, Kuchen und Wissenschaft

Wenn de dich jetzt nich anschdändj benimmst bein Kaffeedrinken, da nemm ich dir den Kuchen wieder weg. Wie oft ich dir das nu schon frbohden habb! Wenn de das mal bei fremden Leiden machst, da denken die womeeglich noch, mr hat drsch nich gesagt. Da kammer als Mudder noch ins Gerede komm', mr däht seine Bälger nich richdj erziehn.

Was habbchn schon wieder gemacht? Ich habb mir doch exdra iewrlegt, daß ich nich de Rosin' aus'n Kuch rausfressen soll?

In Kaffee eingedidscht hasde dein Kuchen wieder. Das iß genau so schlimm, unn das habb ich dr genau so oft frbohden.

Nu ja, awr horche mal, Mamma. Das wollde ich dich schon lange fragen: Du frbiedst mir immer das Didschen, unn sagst, das dähden bloß Leide machen, die keene Bildung hamm unn sich nich benemm kenn.

Das iß ooch so. Unn mit solchen Maniern, da bringsd ä Mensch nich weit in sein Lähm. Das werschde schon sehn. Awr da isses filleicht schon zu schbät.

Da hat de Großmudder ooch keene Bildung. Die didscht doch ooch! Die didscht sogar de Budderbemm' in Kaffee ein!

Da iß doch was gans andres. De Großmudder iß ne alde Frau! Unn alde Leide, die wern wieder wie kleene Kinder. Die derfen in solchen Sachen nich mit so enn schdreng' Maßschdab gemessen wern.

Awr wie kommdn das?

Ja, mei Kind, was werscht du wohl nich frschdehn. Das iß der berihmde Kreislauf in Lähm, daß alles wieder zu sein

Urschbrung zurickkehrt. Da driewer zrbrechen sich de Fillosohfen schon seit dausend Jahrn de Kebbe, oder noch länger. Da sinn schon gans dicke Bicher driewer geschriem worden.

Iewr das Didschen?

Nu, iewr das Didschen nich gerade, awr iewr den Kreislauf, wo das ä Deil drfon iß. Ähm iewr die gansen Brobleme.

Was issn das: Brobleme?

Nu, das sinn solche schwierige Sachen, wo enne ganse Masse Geist drzu geheert.

So. Awr weßde, Mamma, wenn das so iß, da brauchsde dich nich jedesmal so offzuregen, wenn ich mal mein Kuchen eindidsch. Da kann ich doch mein Geist grade bei was andern gehabbt hamm, meindwegen bei den Rosin' rausfressen – unn da iß mir das Broblem mit den Didschen filleicht grade mal foriewrgehnd endschwunden...

Wissenschaft

Was hamm Sie dn da fr alde Schärweln?

Die sammelt mei Sohn.

So ä Bleedsinn. Das Zeich geheert offn Millhaufen.

Ach, sagen Se das nich! Daß iß doch indressant. Die sinn doch ä baar dausend Jahre alt. Die hat der ausgegrahm.

Nu, unn was war dn das frieher mal?

Allerhand. Kaffeedassen, unn Debbe, unn Drän'becher.

Drän'becher? Was issn das?

Das wissen Se nich? Nu, die hamm doch noch keene Daschendicher gehabbt, unn da hamm die sich solche kleene Debbchen gemacht, zum Neingrinßen.

Das muß awr butzj ausgesehn hamm.
Good, die hamms ähm nich andersch gekannt.
Iewrigens, da kommt mier ä recht komischer Gedanke.
Was dn?
Nu, wenn die noch keene Daschendicher gehabbt hamm, – da sinn hier filleicht ooch Schärweln drbei, wo die sich neingeschnaubt hamm?
Meense?
Warum dn nich? Awr nu iewrlegen Se sich mal, wie unhingienisch das iß! Wenn da eener drbei war bei den alden Niewelung', der zufällig dn Schnubben hadde! Die Bazilln schdecken doch an!
Heernse, da dran habb ich noch garnich gedacht. Awr da hammse eegendlich recht. Das Zeich muß mei Sohn wieder fordschaffen. Um Goddeswilln! Wenn ich mir das so ausdenk: so enn forsindfludlichen Schnubben, den werd mr doch sei ganses Lähm lang nicht wieder los!

Der Kreuzschnabel

Sie machen awr Lähmscheen. Ihr Mann iß wohl Ohwerinschbekdr geworden?
Nee. Awr mier hamm uns enn Kreizschnawel gekooft.
Issn das so ä Fest? Unser Kanarienfogel, der frißt uns bald arm. Der braucht jede Woche frn Fuffzger Hiersche, unn aller ferzn Dahche noch frn Groschen Hamf. Awr Ihr Kreizschnawel frißt wohl Kraudschdrinke unn Kardoffelschäler, was nischt kost?

In Gegendeil. Der iß sogar sehr fr'weent. Denn missen mier Biskwids gähm unn sieße Mandeln, unn Bahra-Nisse. Awr das kommt zehnmal wieder raus. Seid mier denn hamm, den Kreizschnawel, da kenn mir uns jeden Monat ee, zwee mal so ne Fresserei leisden wie heide.

Das iß wohl ä Glicksfogel? Das gewinnt mr wohl in dr Lodderie, wemmer so een hat?

Nee. Awr aus dr Krankenkasse sinn mier ausgedreden. Unn die Beiträge, die mier nu schbarn, die fr'duhn mier.

Machense keen Schbaß! Ich seh's ja. Sie hamm enne Bulle Schnabbs offn Dische schdehn, unn da sinn Sie nu in Schdimmung. Awr so zu fr'alwern brauchen Se mich drwegen nich.

Das iß doch nich fr'alwert. Wissense den das nich: ä Kreizschnwel, der zieht doch alle Krankheeden an sich. Bassense nr off, solange wie mier denn hamm, da fehlt uns nischt! Drum sinn doch de Menschen offn Derfern so gesund unn lähm so lange, weilse da fast in jeden Haus enn Kreizschnabel hamm.

Das sollde mr awr nich fr meeglich halden, fon so enn kleen Dier! Hilft der ooch gegen Reimadismus?

Gegen alles!

Heernse, da kann een so ä Fogel drwegen leid duhn – was der da mit dr Zeid alles offn Hals kriegt! Diffderidis unn Kobbschmerzen, unn Gribbe, unn Hardleiwigkeit, unn Hiehneroogen...

Das macht denn weider nischt aus. Der hat drotzdem seine guhde Laune. Dahch dr Dahch. Das missen die schon garnich andersch geweent sinn.

Awr horchense mal: gegen Nasenbluten hilftr nich! Unn gegen Haarausfall ooch nich! Weil der gar keene Nase hat, unn keene Haare offn Kobbe.

Das hat doch nischt zu sagen. Wer weeß, wo der das in sich nein fr'arweid. Was wissen mier denn fon so enn Dier seiner innewendjen Konschdiduzjohn! De Haubdsache iß, dasses klabbt.

Unn klabben duhts?

Nu allemal!

Das wissense gans genau?

Nu! Das schbiern mier doch an eignen Leiwe! Da missen miersch doch wissen.

Unn da kammer sich beschdimmt droff fr'lassen?

Wenn ichs Ihn'sag!

Seid wann hamm Sie dn denn Kreizschnawel?

Seid wann mier denn hamm? Seid gesdern.

Gespräch mit einem Kanarienvogel

Nu, mei Mätzl? Was is denn, mei Mätzl? Was hadd denn mei Mätzl? Bieb? Bieb hadd mei Mätzl? A, wer werd denn eegal Bieb sagen? Sing emal, mach, duh mr mal den Gefalln: trilili-rii..., ä, mach nr! Du kannst‘s doch noch fiel scheener wie ich. Awr Mätzl, habb nr nich solche Angst, ‘s duht dr doch niemand was. Duhd dir jemand was, mei Mätzl? Ja, werklich, dir duht jemand was? Du armes Mätzl, wer duht dir dn was? Sag mrsch mal, daß‘ch‘n dicht‘g ausschimfen kann... Was? Dr Bieb? Dr Bieb duht mei Mätzl was? Nu so ein alder garschdjer Bieb! Awr denn wolln miersch beweisen, was, mei Mätzl, – denn gucken mier iewerhaubt nich mehr an. Unn denn sinn mier nicht mehr guhd. Garnich mehr guhd, kee bissel guhd. Nowr, mei Mätzl? Awr mir bisde noch guhd! Nowr, mei Mätzl, mir bisde noch guhd? Ä, mach nr, Mätzl, sag‘s nr, daß de mir noch guhd bist! Bieb? Awr Mätzl, das kann doch garnich meeglich sinn. Bieb? Werklich, dn Bieb bisde ooch noch guhd? Wo der dich immer so ärgert, wo der dir was duhn will? Nee, mei Mätzl, denn wär ich nich mehr guhd an deiner Schdelle. Awr ich weeß schon, mei Mätzl, das is ähm dei aldes guhdes Herz, awr das is ä Fehler, mei Mätzl, das nutzen de Menschen bloß aus. Euah, ‘s iß wahr. Da brauchsde dich garnich glei so uffzebluhsdern, als obs nich wahr wär! Siehsde, nu hasde ne Feder frlorn, das hasde nu drfon. Un ooch noch sone scheene! Ward, die heb ich mir off, da habb ich nachher ä Andenken, wenn mei Mätzl mal gesch-dorm is. Oder weeßde was, mei Mätzl, du schderbst iewr-haubt nich! Du bleibst egal bei mir! Fuffz‘g Jahre, oder wie-

lange. Nowr, das machen mr? Machen mr das, mei Matzl, duhsde fuffz'g Jahre bei mir bleim? Bieb? Bieb? Ja, heer ich den richdj? Bein Bieb willsde bleim, bei den alden garschdjen Bieb, fuffz'g Jahre, wo der dir was duht? Awr Mätzl... Nu ja, ich weeß schon, das is anschdend'g fon dir, du willst nicht Beeses mit Beesen frgelden, awr gloobsdes, du iewrdreibst deine Gudmiedijkeet! Denksde denn filleicht, bein Bieb iß's scheen? Ä, woher denn. So guhd wie bei mir hasdes iewerhaubt närgends, das werschde awr amende erscht einsehn, wenns zu schbät is. Baß nr off, mei Mätzl, dann bereisdes, daß de bein Bieb gewollt hast. Denn kenn ich besser wie du. Bei denn erläbsde weider nischt wie Enddeischung', de werscht mrsch wiedersagen. Da kannsde heechstens noch herzkrank wern von denn Enddeischung', die de bein Bieb erläbst. Das kann een doch richd'g dauern...
Also de willst nich bei mir bleim? Gans beschdimmt nich, mei Mätzl? Hast drsch genau iewerlegt? Mätzl!... Kommsde schon wieder mit dein dämlichen Bieb?! Nu rudsch mr awr 'n Buckel runder! Denksde denn de kannst mich hier fr'äbbeln? Bieb, Bieb, nischt wie Bieb! Wen meensde denn iewrhaubt da drmit? 's iß doch eefach nich zum Sagen: so ä kleener Fogel un so dicknischlich!

Einfalt

Entschuldjen Se mal, die Frau hat doch forhin Herr Dokdr zu Ihn gesagt. Schdimmt das?

Warum soll den das nicht stimmen? Seh ich etwa wie ein Hochstapler aus.

Nee. Wie ä Hochschdabler sehn Sie nich aus. Awr wenn Sie Dokdr sinn, da hädden mier nämlich enne Frage.

Bitte!

Mei Kleener hat solche geschwollne Fieße. Zieh mal deine Schuhe aus unn deine Schdrimbe, Herwerdl, unn zeig se dn Onkel Dokdr!

Nein, nein, das hat gar keinen Zweck! Ich bin doch... Ach, Sie sinn jetzt nich in Beruf? Sie hamm jetzt keene Schbrechschdunde? Unn da hamm Sie wohl Ihre Dokdrbicher nich bei sich?

Das weniger. Aber...

Da behalt dei Zeich an, mei Kind! Awr... das andre, was mier noch hamm, das iß bloß enne Kleenigkeet, das werd Ihn' nich fiel Miehe machen! Gucken Se mal, was ich hier offn Kobbe habb! Iß das ä Mickenschdich? Oder habb ich mich da geschdoßen? Gemerkt habb ich allerdings nischt von Schdoßen. Sehn Ses? Is das gefährlich? Kann das schlimm wern?

Das weiß ich auch nicht.

Das missen Sie doch wissen! Wie hamm Sie dn da Ihre Briefung beschdanden, wenn Sie das nich wissen?

Aber nehmen Sie doch Vernunft an!

Ach, ich weeß schon, Sie wolln bloß nich. Mit Ihn' da is de leidende Menschheet neingeflogen. Ich gloob, von Ihn' aus, da kennde sich hier eener for Ihrn sehenden Oochen de Hand frschdauchen, Sie dähdnsn nich wider einrenken.

Allerdings nicht.

Sie! Da schäm Se sich mal!

Aber ich muß doch sehr bitten!

Nu ja, wenn Sie Dokdr sinn wolln!...

Aber ich bin doch nicht Mediziner.

Das sagt doch ooch kee Mensch. Awr Dokdr sinn Se!

Ich bin doch Jurist.

Was indressiert mich denn Ihre Relljohn? Die hat doch hier drmit nich's geringste zu duhn.

Ich bin doch Rechtsanwalt. Nun lassen Sie mich aber endlich in Frieden!

Also doch nich Doktr? Sie hamms awr forhin gesagt, wo ich Sie gefragt habb.

Ich bin auch Doktor.

Sie! Nu sagen Se mir bloß noch das eene: Ich seh wohl sehr dumm aus, daß Sie denken, mit mir, da kenn Ses machen?...

Männergesang

Frau Krause, Ihr Mann is doch in Gesangfr'ein?

Ja, schon lange. Der hat doch schon ä Dibblohm, wo droffschdeht, daß'r ä dreier Sänger war, wie ä schdolser Adler oder so ähnlich. Ich weeß ooch nich genau. Das hängt so hoch ohm.

Ach, ich wollde was gans andres. Mei Mann iß doch jetzt ooch in Gesangfr'ein. Un seiddem bin ich in dr greeßden Sorge. Hädd' ichs'n bloß nich erloobt, daß'r sich neinmacht bei die Sänger.

Sie, das habb ich in Anfang ooch gesagt. Awr da geweent mr sich dran. De erschdn baar Jahre, da habb ich ooch manchmal nich einschlafen kenn, eh mei Alder nich drheeme war, – awr midr Zeit, da legt sich das. Unn da iß eem das nachher ziemlich egal, ob mr alleene in sein Bedde liegt, unn dr Alde seift noch bis um zwee'e, dreie in dr Schdammkneibe. Da denkt mr, mag 'r sich nr sein Schbaß machen, unn seine drockene Kehle, die 'r fon Sing' gekriegt hat, orndlich anfeichden. De Haubdsache iß, daß 'r hibsch leise macht, wenn'r heemkommt, unn de Diern scheen sachde zuklinken duht, daß de nich offwachst unn deine Ruhe hast. Wenns weider nischt iß, dadrum brauchen Se sich nich offzuregen. Da kriegen Se bloß Sommerschbrossen drfon.

Ich meen doch was gans andres. Mir iß doch so Angst um den sein Frschdand. Ich meene, obb der noch richdj iß...

Um Goddeswilln, wie gehdn das zu? Hat der edwa dn Greeßenwahn gekriegt, daß'r denkt, er hat enne Schdimme wie dr Dauwer, unn eenes Dahches wachdr frieh off unn iß enne indernazjonale Beriehmtheet?

Nee. Awr der iebt doch immer drheeme, wennse Konzert hamm oder enne Wohldädigkeidsauffierung. Unn das macht mich ähm so schdutzig. Was glaum Se denn, was der da fr unmeegliche Sachen singt? Ich hab doch gedacht, die sing in ihrn Gesang dr'ein filleicht „Mit den Feil den Bogen" oder „Schdill ruht der See". Ach nee, wo denken Se hin. Jetzt iehm de zum Beischbiel das Lied ein, Se wissen schon, wo den alden Graf sei frschdoßner Sohn wiederkommt, gans bletzlich unn unfrhofft, unn klobbt an de Forsaaldiere. Unn da kommt doch die eene Schdelle drinne for, wos heeßt: „Ruhft ürgentwo ein Hürsch üm Dahl?"... da singt mei Mann in eener Duhr bloß: „Hürsch... Hürsch... Hürsch... Hürsch..." Un wos dann weidergeht: „Es klobfet an die Forde schon...", da singt der weider nischt wie: „klobfet... schon – klobfet... schon –." Fimf oder sechs mal, unn mit gans lang' Bausen drzwischen. Iß denn das normal?

Awr Sie sinn naief. Ihr Mann singt doch Baß?

Ich gloowe.

Na also! Da schdimmt das schon. Was die Bässe sinn, die sing nämlich bloß die diefen Deene. Das iß immer so bein Männergesang. Unn das iß doch grade das Kinsdlerische...

Was Kinder sagen und fragen

Babba, der Zug ahmds um sieme, der hat heide wieder nich in unsern Bahnhof gehalden. Gesdern ooch schon nich. Da werd awr der Lokomodieffiehrer Grobbheeden kriegen. Das iß gloowich Beamdenfrletzung oder sowas, wenn der frgißt, wo'r halden muß. Nu da!

Ä, das hat der doch nicht frgessen. Daß iß doch ä Schnellzug, unn die halden doch in solchen kleen Schdazjohn' nich...

Sinn mier denn enne kleene Schdazjohn? Wo mir dausend Einwohner hamm?

Was issn das, dausend Einwohner? Das iß garnischt!

Das iß doch nich garnischt. Das sinn ähm dausend.

Awr das iß wenig. Enne Schdadt hat fiel mehr.

Mehr wie dausend? Gibbds denn das?

Nu!

Awr, wenn nu hier jemand einschdeigen will in den Zug?

Das geht ähm nich.

Das muß doch gehn. Ich meene, wenn jemand mitfahrn will. Den missense doch mitnähm. Das wär doch gemeene, wenn die den nich mitnähm dähten.

Den nähm die nich mit. Midn Schnellzug nich.

Awr wennr sich nu schon ne Fahrkarde gekooft hat?

Da kimmern die sich nich drum.

Da lassensen einfach offn Bahnschdeig schdehn?

Nee. Den lassen die garnich erscht naus, bein Schnellzug.

Ach so. Awr horch emal! Wenn jemand ausschdeigen will, da missen se halden? Nowr, da missen se?

Nee, die halden hier iewrhaubt nich, da kann sinn was will.

Wenn nu awr eener in unsern Dorf jemanden besuchen will?

Da mußr ähm midn Bersohnzug fahrn.

Ach so, in den Schnellzug fahrn gar keene Leide mit?

Nadierlich fahrn da Leide mit. Bloß wer in unser Dorf will, der kann nich midfahrn. Weil der hier nich hält.

Hm. Awr Babba, – jetzt weeß ich was: wenn dr Hindenburg mal mit den Zug fährt, unn sagt, ach das iß awr ä scheenes Dorf, unn dausend Einwohner hats,... Herr Lokomodieffiehrer, hier halden mr mal!... nowr, Babba, da mußr halden?...

Hühneraugen

Das gloobt mr garnich, wie een so ä Hiehnerooge de ganse Laune frderm kann. Gesdern zum Beischbiel, wo mier unsern Schkat-Ahmd hadden, da hamm mier de Hiehneroogen de gansen Schdiche frsaut. Allemal, wenn'ch drumpfen wollde, da dahd so ä Luder weh – unn schon hadd'ch ne gans andre Karde hingehaun, als wie'ch hädde hinhaun missen, weils een da grien unn blau forn Oogen werd. Unn solldens, wo ich midr kleen Fußzehe ans Dischbeen gerammelt bin... also ich sag' Ihn', so ähnlich muß's enn Dohden in Kremadorium zumuhde sinn, wenn Feier gemacht wird unn sei letzdes Schdindlein kommt.

Da missen Se mal was gegen ihre Hiehneroogen duhn. Sowas därf mr nich hinhäng lassen, sonst musses obberiert wern. Da schdehn doch jeden Dahch solche Annoncen in

Bladde, wo Hiehneroogenmiddel embfohln wern. Fon den een Flasder, da gibbds doch sogar exdra enn Schlager: Wallenzjah, deine Oogen, meine Oogen, Hiehneroogen, Läwewohl. Das iß nämich das Middel. Das heeßt Läwewohl. Unn das bedeidet sofiel wie: Läwe wohl, Hiehnerooge!, odr, wenns'r ä baar sinn: Läbt wohl, Hiehneroogen! Solches Flasder däht ich mir an ihrer Schdelle koofen.

Das habb ich doch ooch in Sinn. Awr da muß ich ähm noch ne Weile warden. Das iß ja das Draurige.

Off was missen Sie dn da warden? So deier iß doch das Flasder nich, dasse da erscht schbarn missen.

Nee, das isses nich. Awr drwegen muß ich noch warden. Sehnse, erscht hadd' ich eens. Unn da habb' ich das ooch schon gelesen fon den Läwewohl. Das hadd' ich nämlich schon forher gelesen, da wußt ich schon Bescheed drmit. Unn drum habb' ich ähm iewrlegt unn iewrlegt, was ich machen kennde. Da dacht' ich dran, daß ich noch ä baar alde Laadschen hadde. Die habb' ich fast garnich gedrahchen, weil ich se leider Goddes zu enge gekooft hadde. Sehnse, die habb' ich nu wieder herzugesucht – hier, das sinnse! Forkomm' duhd mr sich da drinne, als wemmer de Fieße in enn Schraubschdock hädde odr in enner Kobierbresse. Awr helfen duhd's drwegen bloß nach unn nach. Bis jetzt sinns'r erscht dreie in gansen. Da fehln also immer noch dreie. Bis ich die habb, muß ich noch ä baar Monade Schmerzen ausschdehn. Da hilft nu alles nischt.

Awr Menschenskind, wolln Sie denn enn Rekord offschdelln? Zu was wolln Sie dn durchaus erscht ä halwes Dutzend solche Kwälgeisder hamm, eh Sie was drgegen duhn?

Nu, ich denke, Sie lesen die Inserahde? Da missen Se doch ooch wissen, daß das Flasder, was die immer so lohm, jedesmal fr sechs Schdick beschdimmt iß. Das schreim se doch jedesmal ausdricklich drzu!

Das Chamäleon

Sie, awr uns hammse iewrsch Ohr gehaun. Mier sinn awr neingeflohchen. Da sieht mrsch ja wieder mal, wie mr sich off de Wissenschaft unn off alles frlassen kann.

Was iß denn los? Warum rägen Sie sich den so off?

Weil das nich schdimmt, wasse immer in die Bicher neinschreim. Unn dn Kindern in dr Schule erzähln.

Was schdimmt denn nich?

Nu, das fon den Kammäleons. Da heeßds doch immer, die dähden de Farwe wechseln, je nach dr Underlahche, off der se sich grade befinden. Hamm Sie das nich ooch in dr Schule gehabbt?

Nu, mir isses schon so. Awr woher wissen Sie dn, daß das nich schdimmt? Das kennden die doch sonst nich sagen.

Drum räg ich mich doch so off. Mier hamm uns doch eens gekooft, weil mier gedacht hamm, da kemmer uns scheen de Zeit drmit frdreim. Sehnse, unn da hammier nu browiert unn browiert, also ich sahch Ihn', schdundenlang. Bis miersch sadd hadden. Erscht hammiersch off was Fioleddes gesetzt, unn hamm nu gewart' und gewart', dasses fioledd werdn sollde. Awr denn fiels gar nich ein. Dann hammiersch mal mit enn Schdreefenmusder sehn wolln, unn hamms off de Dischdecke gesetzt... awr da hammier noch länger warden kenn,

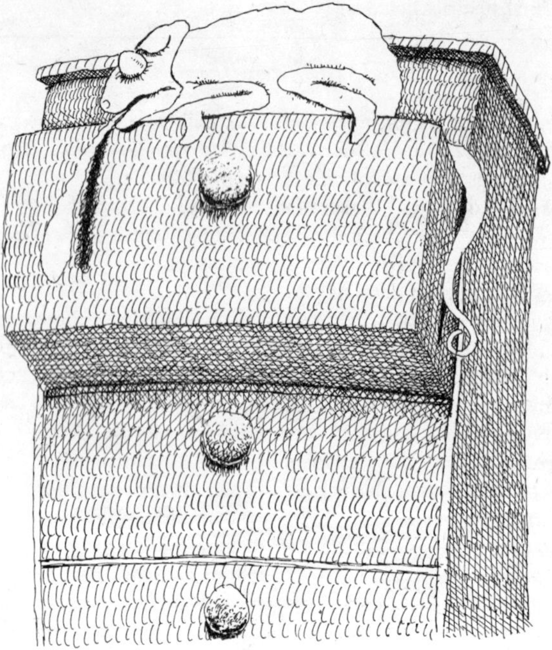

unn wieder ohne Erfolch. Dann hammier ä Badickdaschenduch genomm, weil mier uns das besondersch fein forgeschdellt hamm, – da war glei gar nich dran zu denken. Das Fieh hat seine dreckje Farwe behalden, unn seine schdierigen Oogen hamm uns richdj nerwees gemacht. Zuletzt hammiersch off ne Glasbladde gesetzt, weil mier dachden, da mißdes durchsichdj wern unn da kennde mir innewenndj neingukken. Kwadsch!, rundergefalln isses, wo unser Horschdl mal bissel an Disch gewackelt hat. So ein Schwindel.

Da dauschen Ses doch um! Wer weeß, woran das liegt.

Was soll dn das Umdauschen nitzen?

Das kommt droff an. Manchen bekommt amende 's Fudder nich so, oder eens geweent sich schneller an de Menschen wies andre. Wie heeßds denn iewrhaubt?

Nu: Kammäleon. Wie denn sonst?

Ich dachde, Sie hedden enn Nahm' gegähm. Enn Hund zum Beischbiel gibbt mr doch ooch enn Nahm'. Kammäleon, daß iß doch fiel zu lang. Eh Sie das gerufen hamm, da iß doch das Dier wer weeß wohin geloofen, anschdadd dasses herkommt.

Was denn? Wieso denn: sonsdwohin geloofen?

Nu, hamm Sie das etwa in Käfig?

Das hammier nich in Käfig. Das hammier in Kommodenkasden.

In Kommodenkasden? Da kriegds doch gar keene Luft. Da erschdickds doch. Sie, da däht ich rausnemm.

Ich weeß gar nich, was Sie immer reden, fon Erschdicken unn so. Das kann doch gar nich erschdicken. Das iß doch ä ausgeschdobbdes...

Seltsame Begegnung

Gudden Dahch, Rosl! He, Rosl, was iß denn? Na, ich denks selwer, daß de schdehn bleibst. Das geheert sich doch, wemmer enn Bekannden drifft, unn follendens, wie mier uns kenn, mier beeden. Nu, gibb mr nr de Hand... Awr Rosl, bis nr nich so komisch! Mr kennde doch fermlich denken, du häddest was gegen mich. Oder ich hädde dir filleicht was gedahn, meine kleene Schbitzmaus.

Sie, sinnse nich so unfrschämt! Seit wenn bin ich denn Ihre kleene Schbitzmaus? Was soll dn das heeßen?

Was soll dn das fon dier heeßen? Du denkst wohl garnich mehr an die scheen Schdunden? De weeßt schon, damals... ä, duh nr nich so – du weeßt doch gans genau, was ich meene. Du alde Dulbe!

Ihre alde Dulbe bin ich erscht recht nich, Sie!

Awr Rosl, warum du bloß egal Sie zu mir sagst?!

Weil ich nich zu enn wildfremden Menschen Du sag.

Awr frieher hasde doch ooch Du zu mir gesagt.

Das mißd ich doch wissen. Ich habb Sie in gansen Lähm noch nich gekannt.

Iewrleg drsch nr mal, Rosl!

Da gibbds garnischt zu iewrlegen. Ich kenn Sie nich.

Rosl, du frwechselst mich filleicht mit jemanden andern, den de nich kennst!? Rosl, ich will dr mal was sagen. Weeßde, was das iß, was du machst? Das iß Selbsdfrleignung. Du frleignest dich selwer. Du willds abschdreiden, daß du du bist. Unn willst mir weißmachen, du wärscht jemand gans anders. Oder ich wär jemand andres. Filleicht jemand gans Fremdes, anschdadd derjenige, welcher, de weeßt schon, fon damals! Oder sollch dr bissel off de Schbringe helfen? Kannsde dich nich erinnern, wo mier so glicklich midnander warn? Wo mier uns frschbrochen hamm, immer bloß uns beede zu liem, unn kee andres? Wo ich dir das habb schweern missen, unn du hast geweent for Freide? Unn Bläne hammier gemacht, was mir uns fr enne Kiche koofen wollden, wemmer erscht Geld hädden, unn was fr ä Schbeisezimmer, wemmer erscht frheirahd wärn. Bis uns nachher 's Lähm in seiner Niederdrächdijkeet enn Schdrich durch de Rechnung machde unn uns ausenanderriß in frschiedne Schdadtdeile. Awr ich gloobe, daß mier uns heide wieder gedroffen hamm, das iß ä Wink des Schicksals. Das iß enne Fiegung des Himmels, daß mier ähm doch zusammgeheern, Rosl! Das mier fr ennander beschdimmt sinn.

Also wenn Se jetzt nich Schluß machen, da ruf ich de Sihbo! Ich sags Ihn' zum letzden Mal: ich bin nich Ihre Rosl, unn da derfen Sie sich das nich erloom! Gehnse nu guhdwillig, oder nich?

Nu, da muß ähm gehn. Awr eene Frage mußde mir noch beandworden, Rosl: wenn des ooch nich bist – awr mal angenomm, de wärschds,… nowr, da derfde ich mir das erloom?…

»Unterhaltung« im Kupee

So enne Bahnfahrt is was furchdbar Eindeenijes. Finden Se nich ooch, Herr Nachbar? Wemmer da nich mid nedden Leiden zusammsitzt unn sich bissel underhalden kann, da isses schrecklich. De Kinder, die hamm ja allnfalls ihrn Schbaß: die schdehn draußen off dr Bladdform unn gucken sich de Gegend an. Awr sagen Se mal gans offen: enn erwachsnen Menschen kann das doch nich reizen. Was sieht mern da: Beime, unn Heiser, unn Delegrafenschdang'n, unn Bahnwärderheiseln, unn Eisenbahnsingnahle. Awr meindwegen, ich genn den Kindern ihr Frgniegen, de Haubdsache is, daß meine Alde ooch mit nausgegang'n is. Die denkt nämlich, sonst machen de Buhm sich ihre neien weißen Anziege dreckj. Die is iewrhaubt underwegs immer so offgeregt. Das geht bloß egal: Mann, hasde de Fahrkarden noch? Mann, ham mier denn iewrhaubt de Zahnbasda eingebackt?

Mann, was issn das fr ä Dorf, durch das mier ähm gefahrn sinn? Mann, die Gegend kommt mir so bekannt for, dir ooch? Mann, wemmer ankomm, da erinner mich mal gleich dran, daß ich ne Bosdkarde schreib, ich habb frgessen, de Brodeln abzubeschdelln. Mann, na unnsoweider. Iewrigens, kenn Sie den Witz fon den Freilein unn den Underhosen? Der fällt mir grade ein, weilr ooch von Reisen handelt. Da war also ä Freilein unn ä junger Mann, die hadden sich ärgendwo kenn'gelernt, bein Sommerfest oder so. Da sagt der junge Mann in Geschbräch, er wäre sehr fiel underwegs, unn zwar geschäfdlich. Ach nee, sagt das Freilein, das muß awr indressand sinn. Wo Sie da iewrall hinkomm. Nu ja, sagt der junge

Mann, das is schon wahr. Awr so einfach isses drwegen nich. Ich reise nämlich in Underhosen. Wärklich, bloß in Underhosen? fragt se da, und wärd ä bissel rohd drbei. Gloom Se's nr, andwordedr, 's hat doch jeder sein Schbezialidät. Unn das machen Se ooch in Winder? meent se dann. Nu selbstfrschdändlich. Sommer unn Winder. He, was denken S'n, was die da gesagt hat. Awr endschuldjen Se mal, hat se gesagt, – is denn das in Winder nich zu kalt? Hahaha, nowr, das is doch fein? Da hat die nämlich gedacht – nee, also sowas zu denken, hahahahaha. Wie das aussehn mißde! Also wenn ich den Witz erzähl, da komm ich allemal gar nich wieder ausn Lachen raus. Sie, Herr Nachbar, horchen Sie denn ooch droff, was ich Ihn' erzähl? Kenn Sie denn das, Zeidung lesen unn sich drbei mit mir underhalden? Warden Se mal, da weeß ich nämlich noch was, also das is zum Dodlachen. Wenn ich Ihn' das erzähl, da ziehn Se filleicht de Nodbremse. Ach, gucken Se mal, dort driem off dr Wiese, enne Kuh. So ä Dier hads guhd. Nischt wie fressen fon frieh bis ahmds, unn ausruhn, unn wieder fressen. Da fällt mir iewrigens noch ä Witz ein. Kenn Sie dn Underschied...

Ach so, erinnern Se mich nachher mal dran, daß ich Ihn' das andre noch erzähln wollde. Das handelt sich von enn Schdrohwiddwer. Jetzt bloß erscht fix das fon der Kuh, eh ichs frgeß. Also kenn Sie den Underschied zwischen enn Kuhschwans unn en Dindenschdift?

Awr ich sags Ihn' gleich forneweg, der is ä bissel safdig – also Sie wissens nich? Ä Kuhschwanz... ach, das is awr schade. Jetzt kommt meine Frau, da muß ich offheern. Unn midr Gemiedlichkeet isses nu ooch frbei hier in Kubbeh, solange wie die hinne is. Herr Nachbar, ich sags Ihn' in Guhden, machen Se sich off allerhand gefaßt. Meine Frau is nämlich sehr geschbrächig.

Die Schildkröte

O Godd, jetzt bin ich awr erschrocken. Was issn das?

Das iß unsre Schildkreede. Die hat mei Mann dn Kindern geschenkt. Die kost zwee Mark.

Ja, das Schbielzeich iß so deier. Besondersch, wo ä Mechanismus drinne iß.

Da iß doch kee Mechanismus drinne.

Nu, wie kann dn die da loofen?

Wie loofen denn Sie?

Das iß doch gar kee Frgleich. Ich bin doch ä lewendjes Wesen.

Un die Schildkreede?

Die iß aus dr Schbielwarnfabrik. Awr Geschicke hamm die. Wie ähnlich die das alles machen. Meiner Schwesder ihr Kleener, der hat enne Ende, die wadschelt naduhrgedreier als wie enne richdje.

Die iß wohl aus Blech?

Ich gloowe, awr 's kann ooch Holz gewesen sinn. Ja, jetzt machen se doch solches Fiehzeich sogar schon aus Seefe.

Awr das hat doch alles garnischt mit unserer Schildkreede zu duhn.

Warum dn nicht?

Weil das enne echde iß. Enne lewendje.

Sie! Iß das wahr? Unn sowas koofen Sie ihrn Kindern? Unn das lassen Sie in dr Schduhwe rumloofen?

Warum dn nich?

Nee, bei mir gäbs das nich. Unn ob ich nochmal zu Ihn' komm, solange wie Sie so ä wildes Dier hamm, das wer ich mier ooch iewrlegen.

Die iß doch gans zahm.

Ja, warden Se's nr ab! Wo mr egal solche Sachen in dr Zeidung liest. Da hat erscht for ä baar Dahchen ä Bulle ne Magd iewrfalln, unn fon den Ferd, das hammse wohl nich gelesen, was durchgegang iß unn de gansen Ladern-Fähle umgehaun hat? Unn wo ich kleen war, da hat uns unsre Mudder eene Geschichde erzählt, fon en Wolf, der hat ä Kind aus dr Wiege geholt. Das war ä Werwolf.

Warum sagen Sie dn das alles?

Warum dn? Besdje iß Besdje! Unn wenns bei den ausbricht, da redde sich, wer kann! Da gibbds ä Mallär. Sie wern mrsch wiedersagen, mit Ihrer Schildkreede.

Die Strümpfe

Ich weeß nich, solche bunde Schdrimbe däht mei Mann nich drahchen. Die haude der mir rechts un links um de Ohrn.

Is denn der so rąbiat?

Drwegen nich. Awr solche bunde Schdrimbe däht der in sein ganzn Lähm nich drahchen. Da däht der sagen: De Leide missen doch denken, ich bin fr'rickt, wenn'ch wie so e Hanswurscht draußen rumloof. Un 's ja ooch wahr: die sehn doch nich edwa scheen aus.

Mir gefallnse. Awr Sie gehn ähm nich mit dr Zeit.

Was heeßt denn: midr Zeit gehn? Wenn mir ooch jeden neimodschen Bleedsinn midmachen wollden, da käm' mir weit.

Wer macht denn jeden neimodschen Bleedsinn mit?

Nu Sie! Oder hamm Sie filleicht nich erscht jetzt emal gesagt, eegendlich wärn Sie garnich so abgeneigt, sich ooch enn Bubikobb schneiden zu lassen, wennse nich Angst hädden, daß mr dann die kahle Schdelle sieht?

Awr das hat doch mit den Schdrimben nischt zu duhn.

Warum dn nich? Wenn jetzt bletzlich seidne Schlibfer fr Männer uffkomm, da sinn Sie de erschde, die ihren Dingrich welche kooft. Da laß'ch mich fressen, so genau weeß'ch das.

Das kommt noch sehr droff an. Awr wennse billig sinn...

Ha, billig! Das Zeich un billig! Wenn Sie das billig nenn', da mecht ich mal wissen, was Sie fr e Monadseinkomm hamm. Was hammse'n zum Beischbiel fr die Schdrimbe bezahlt?

Da kosden drei Baar ne Mark.

Drei Baar... Was?... Is das ooch wärklich wahr?

Wennch's Ihn' sag! In Ausvrkauf.

Wo dn?

Dort und dort.

Da hamm die wohl Fehler?

Nee, das iß bloß wegen dr Reklame. Die hamm keene Fehler.

Hee, da muß'ch awr gleich ooch welche koofn. Gehnse noch mal mit?

Die wollnse wohl verschenken?

Wem sol'ch denn die schenken wolln? Fr mein Mann!!!

Ich denke, der drägt keene solchen bunden? Warum nd nich? Das iß doch denn egal, was der fr Schdrimbe anhat.

Ich denke, die däht der Ihn' um Kobb rumhaun?

Wer sagt denn das? Iewrhaubt werd der doch da garnich gefragt. Die kricht der hingelegt, un...

Awr, Sie hamm's doch ähm erscht selber gesagt...

Ja, wenn Sie glei jedes Wort so off de Goldwaache legn...

Die Distel

Zu was hamm Sie dn eegendlich die große Disdel in Ihrn Garden?

Das mechden mier selwer gerne wissen. Was die fr Blatz wegnimmt. Da hädden mier en gansen Haufen Bluhmkohl droff ziehn kenn.

Awr warum rubben sn das Luder da nich raus?

Unn ein Schadden macht das Gelumbe! Den Sommer is keene eensje Erdbeere reif geworden. Weil se keene Sonne hadden.

Da hädde ich an Ihrer Schdelle awr schon lange de Geduld frlorn. Das hamm Se wohl nich gedacht, wo Se die geflanst hamm?

Mier – unn die Disdel geflanst? Sie schein‘ zu denken, mier sinn fr‘rickt. Die hat uns ärgend so ä niederdrächdjes Schdick Mallär iewrn Gardenzaun gehaun, daß mier uns ärgern solln.

Nu awr, da hädde ich doch erscht recht...

Nee, da sinn mier nu andersch. Den Gefalln duhn mier den Schdick Mallär grade nich. Daß die nachher feixen kenn, unn sich einbilden, mier hädden uns wer weeß wie sehr geärgert. Nee!

Awr wenn Se bloß Schaden drbei hamm!

Das iß gans egal! Unn außerdem: ä baarmal warn mr ja schon bald so weit, awr nachher hads uns allemal gedauert. Was kann denn die Disdel drfor, daß de Menschen so schlecht sinn?

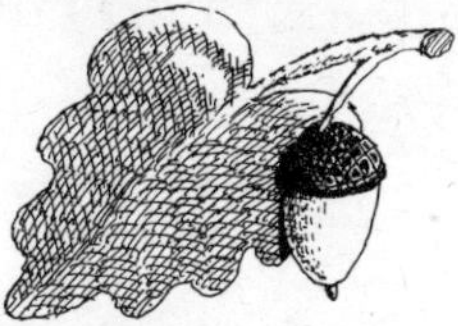

Sächsische Herbstklage

In Friehling hadr mich frgäddert,
ach war das scheen, ach war das sieß.
Nu awr schdeht dr Wald endbläddert,
endbläddert is mei Baradies.

Der Wald war nämlich unser Zeiche,
wie guhd mier midenander warn,
besondersch enne alde Eiche
hat unser ganzes Glick erfahrn.

In ihren dunklen, kiehlen Schadden
da hat sichs nämlich abgeschbielt.
Doch wo de Eichen Eicheln hadden,
da hat sich alles abgekiehlt.

Mei Liebsder schbrach: Nu heeßds frzichden,
in Wald kenn mier jetz nich mehr gehn,
dr Herbsdwind dahd de Beime lichden,
da kennden uns – de Flieger sehn.

In Sachsen schreit der Hirsch

Warn Sie schon mal zr Härschblähke?

Nee, Sie?

Nu, oft. Gehnse nr mal mit! Das iß indressand.

Mier draun uns nich.

Da brauchense doch keene Angst zu hamm. For was dn?

Ich denk, so ä Dier in seiner Exdahse weeß nich, was's macht? Ich habb mal geheert, die gehn ooch offn Menschen los.

Das schdimmt schonn. Awr da brauchense doch bloß enne Schachdel Schdreichhelzel mitzunemm, wie mier das immer machen, unn wenn wärklich eener off Se zugerannt kommt, da brennse bletzlich ä Schdreichhelzer an. Da solln Se mal sehn, wie der kehrt macht.

Awr wemmer nur for Offregung de falsche Seide von der Schachdel erwischt?

Da missense ähm offbassen! Oder missense's drheeme erscht ä baar mal iehm.

Un wennch's nu geiebt habb, un 's klabbt ooch alles gans scheen, – unn nachher rägends off das Schdreichhelzel! Da nutzt mir mei ganses Iehm nischt un redd mr mei Lähm nich.

Bei Rägenwedder blähken die doch sowieso nich.

Ach, unn iewrhaubt: obb ich das nu heer oder nich. 's werd nischt Besonderes sinn.

He, sagense das nich!

Nu, wie klingt dn das?

Hochindressand! Das iß, wie wenn enne Kuh sich frloofen hat, oder wenn ä Ochse in' Fluch geht, un er kriegt bletzlich Durscht.

Das iß doch weider nischt. Das heert mr doch alle Dahche.

Awr doch nich von enn Härsch.

Nu, wenn das awr gans genau so klingt...

Das kennse doch garnich wissen.

Sie hamms doch ähm gesagt.

Nu ja, ich schdell mier das so for. Awr ich kann mich doch ooch ärrn.

Ich denke, Sie warn schon wer weeß wie oft in der Härschblähke?

Ja, das warn mier ooch.

Das missense's doch wissen.

Woher denn? Mier sinn doch bloß egal drnach geloofen. Awr blähken hamm mier doch noch keen geheert!

Zittergras

Nu isses frbei midr Bracht dr Wiesen. Nu machense schon de zweede Hei-Ernde, unn da musses letzde bissel Bluhmflor frschwinden. Ricksichdslos. Unn was nachher allnfalls noch wächst, das fressen de Kiehe mit ihrn breeden Meilern glei so. Kaum dasses ausn Boden raus iß. Kennde mr da nich heiln?

Warum soll mern da heiln? Das iß nu mal nich andersch. Mier missen doch ooch schderm, warum soll dn da das Gras off dr Wiese nich frwelken? In Winder sieht mrsch doch sowieso nich.

Das schdimmt schon. Awr was mier Nadurfreinde sinn, mier hamm da ä Middel drgegen. Ich zum Beischbiel, ich hol mier jedes Jahr, ähm jetzt in den Dahchen, enn ordendlichen

Schdrauß, un den schdell ich drheeme in enne Wahse. Da habb ich dn gansen Winder meine Freide driewer. Unn mit besondrer Forliewe nemm ich da Ziddergras drzu.

Ziddergras?

Ja. Das kennse wohl nich? Wardense mal, filleicht find ich welches. Sehnse, da hammer Glick gehabbt. Hier, so sieht das aus. Iß das nich hibsch? Das sollde bloß nich so fr'eenselt wachsen. Guckense nr, das sinn lauder kleene Herzeln, un die ziddern in eener Duhr.

Wenn dr Wind weht?

Nee, die ziddern ooch, wenn Windschdille iß. Drum heeßt das doch Ziddergras. Das habb ich zuu gerne. Weil mich das so dauert.

Warum dauerdn Sie das?

Nu, weil das so ziddert. Das ziddert nämlich aus Angst.

Aus Angst? For was dn?

Nu, daß dr Schnidder kommt unn mit seiner niederdrächdjen Sense droffloswiedet, Schdrich fr Schdrich, unn die zarden Grashalme mit ihrn sießen Herzeln zum Dode dr'urdeilt.

Das weeß doch das Gras garnich, daß der kommt. Das hat doch iewrhaubt noch keen Schnidder zu sehn gekriegt.

Nu, da zidderds filleicht aus Angst, daß ä Ochse kommt, unn mit sein drambligen Been'alles niederdrambelt...

Ob das Gras schon mal enn Ochse gesehn hat, das mechde ich ooch noch schdark bezweifeln.

Da zidderds filleicht aus Angst, daß unfrnimfdje Kinder komm, unn rubbens raus, unn nachher hammses sadd, unn hauns weg. Oder wissen Sie amende enne bessre Erklärung fr das Ziddern?

Nu, ich wißde schon eene. Das Ziddergras kann nämlich ooch wegen Ihn' ziddern.

Wegen mier? Warum dn wegen mier?

Nu, das hat filleicht geheert, daß Sie's mit heemenemm wolln, un da hads nu Angst, dasses dn ganzen Winder Ihr gefiehlfolles Gemähre mit anheern muß...

Herbstzeitlosen

Ach gucke, die sehn doch bald aus wie Krokusse. Wenns nich schon so kalt wär, kennde mr weiß Godd denken, 's wär nochmal Friehling geworden.

Das sinn awr keene Friehlingsblum'. Im Gegendeil, das sinn Herbsdzeidlosen. Das iß so ungefähr 's letzde, was blieht. Als wollde sich de Naduhr gewissermaßen fr dies Jahr fr'abbschieden.

Ich denke, das machdse midn Asdern in‘ Gärden?

Nee, da sinn Sie in Ärrdum. Wie kann sich denn de Naduhr mit Bluhm‘ fon uns fr‘abbschieden wolln, die mier selwer erscht geflanst hamm? De Herbsdzeidlosen, die hat niemand geflanst, in Gegendeil, da sinn de meisden nich mal besondersch erfreit driewer, daß die wachsen.

Nu ja, da kanns een ooch draurig zumuhde wern, daß das nu schon wieder ‘s letzde sinn soll. Unn daß dann dr harde Winder kommt. Wo mr so friert, unn wo de Kohln jedes Jahr deirer wern... ‘s iß ja eegendlich unrecht, daß mr das den Bluhm‘ endgelden läßt – denn die keen doch schließlich nich drfor. Unn so scheen sinn se ooch...

Das hat doch enn gans andern Grund, daß die niemandn Freide machn.

So. Was denn dr een?

Das hat den Grund, daß die gifdig sinn.

Die sehn awr doch garnich so aus. Die hamm doch so ne samfdmiedje Farwe. Unn machen so enn unschuldjen Eindruck. Das iß da wohl bloß Frschdellung, daß mrsch nich gleich merkt?

Wahrscheinlich. Jedenfalls, dasse gifdj sinn, das weeß ich beschdimmt. Daher riehrt doch das ganse Mißfrschdändnis.

Was dn fr ä Mißfrschdändnis?

Das Mißfrschdändnis, daß de Menschen die Bluhm, ähm was die Herbsdzeidlosen sinn, so blindwiedj frfolgen. De Naduhr oder wer das alles eingericht‘ hat, unn fon wen das schdammt, der hat das exdra so ausgedifdelt, daß‘r die Herbsdzeidlosen gifdj gemacht hat. Dasse de Kiehe nich fressen, unn daß mier Menschen länger unsre Freide dran hamm kenn. Awr mier in unsern bornierden Unfrschdand, – was machen mier? Mier rubben se raus, unn frnichden se – unn warum? Weil se gifdj sinn. Das iß ä richdjer Kreislauf, awr ä frkehrder. Das iß off die Weise eens dr diebischsden Beischbiele geworden fon enn Mißfrschdändnis zwischen dr unschderblichen Schebfung unn uns schderblichen Menschen.

Kastanien

In so ner Kasdanien-Allee, da sieht mr doch so richdj, wie ibbig de Naduhr iß. Bei jeden Schridd mechde mr offbassen, daß mr nich off enne dridd unn schdolbert. Unn deorredisch bedrachdet, kennden das nu alles mal solche große Beime wern. Sowas imboniert mir kolossal.

Awr eegendlich isses Ferschwendung. Da heeßds immer, dr Mensch soll sich de Naduhr zum Beischbiel nehm, unn soll sich in sein gansen Lähm unn Schdrähm nach dr Naduhr richden. Na, da kennde was Scheenes drbei rauskomm. Sehnse, ich bin Fodegraf. Nu nemmse mal an, enne Mudder läßt bei mir ihr Beewih fodegrafiern, unn beschdellt ä halwes Dutzend Bilder. Mehr nimmt heide ja doch kee Mensch, weil se alle kee Geld hamm. Was mißde ich denn da machen, wenn ich mich nach dr Naduhr unn ihrn Gewohnheeden richden wollde? Da mißde ich fon den Beewih filleicht Schdicker fuffzj Bilder machen, unn die iewrigen, die nich bestellt sinn, die kennde ich zum Fensder nausschmeißen oder in Babbierkorb haun. Nu sagen Se selwer, wie sollde ich denn bei so ner Iewrbrodukdsjohn off meine Kosden komm, wo's bei uns schon sowieso immer schlimmer werd mit den fieln Ammedährfodegrafen. Unn iewrdragen Se das mal off enne Grubbenoffnahme, die mich selwer deier genug kommt. Da wär ich in ferzn Dagen bankrodd.

So werdlich iss doch das nich gemeent, daß mr sich de Naduhr als Musder nemm soll. Unn bloß aus lauder Sinnlosigkeet wachsen doch die fieln Kasdanien schließlich ooch nich. Die erfilln drwegen alle ihrn Zweck.

Was denn fr een? Beime wern ja doch bloß ausn wenigsden.

Nu, den andern ihre Beschdimmung is filleicht, dasse uns Menschen enn scheen Anblick bieden in ihrn jungfreilichen Glans unn mit ihrer kesdlichen braun Farwe.

Ach, da gucken doch de meisden iewrhaubt nich hin.

Da sin se selwer schuld. Da Naduhr kann doch nich drfor, wenn de Menschen kee Ferschdändnis hamm, wie guhd ses midn meent. Awr denken Se doch mal an de Kinder, wie scheen die mit den Kasdanien schbieln!

Ich will Ihn mal was sagen: wenn de Naduhr das andersch eingerichtet hädde, nämlich daß off den Kasdanienbeim keene Kasdanien wachsen dähden, sondern meindwegen Flaum oder Schbillinge – das wär den Kindern zehnmal liewr. Da dähden die gerne off das Schbieln ferzichden.

Sie, da kann ich Ihn was erzähln, was Sie filleicht umschdimmt. Mei Walder, der hat forjes Jahr mal eene Kasdanie in ä Fensder geschmissen. Nadierlich habb ich das bezahln missen. Das hat sechs Mark unn fimfnzwansj Fenge gekost.

Unn das soll mich iewerzeigen, daß die Kasdanien nitzlich sinn? Nu heernse!

Jawohl! Schdelln Se sich mal for, s gäb keene Kasdanien.

Was hädde dn der da gemacht? Da hädde der enn Schdeen genomm. Unn was wär de Folge gewesen? Das war doch ä Dobbelfensder – da wär nich bloß die eißere Scheiwe kabudd gegang, sondern ooch die innre mit. So ä Schteen, der hat doch fiel mehr Wucht. Das missen Se doch zugähm. Unn da hädde ich anschdadd eener Scheiwe zwee Scheim bezahln missen. Anschdadd sechs Mark unn fimfnzwansj Fenge zwälf Mark unn fuffzj Fenge. Unn was wär dadrfon wieder de Folge gewesen? Daß der Junge nadierlich ooch dobbelt sofiel Dresche gekriegt hädde... Sehn Ses nu ein?

Ideale

Seid wenn hamm Sie denn ä Akwarium?

Ach, schon lange.

Sinn Sie den so ä Fischgokel?

Ich nich so sehr. Awr de Kinder. Die sitzen manchmal schdundenlang drfor unn gucken zu, wie die Fische drinne rumschwimm. Un was mei Kleener iß, das kannj Ihn' gar nich sagen, wie der sich allemal freit, wenn eener fr'eckt iß. Da derfrn nämlich rausnemm, und duhdn off de Kohlnschaufel, unn der Fisch bleibt so scheen ruhig liegen, unn hubbt garnich fort. Unn nachher haudrn in de Asche. Gloom Se, wenn der das mal nich machen derf, da duhdr dumm. Das iß den sei alles.

Da schderm wohl oft welche?

Nu, wies so iß. Manchmal jeden Dahch eener.

Awr, da wern se doch alle.

Ä, was Sie denken! Da koofen mier doch wieder neie!
Sinn die deier?
'S geht. Midr Zeit leefds nadierlich ooch ins Geld.
Nu, kriegen Sie dn das nich mal sadd?
Wegen uns iß doch das nich. Das iß doch wegen Kindern. Ich habbs Ihn' doch gesagt, besondersch wegen Kleen'. Wissense, wie heidzudahche die moderne Jugend iß, da muß mr doch froh sinn, wenn de Kinder noch Ideale hamm. Sowas muß mr underschditzen!

Relativität

Was sagen Sie? Wie langsam wächst das Zeich?

Jedes Jahr ä Bladd. Manchmal ooch bloß aller zwee Jahre eens.

Unn wie heeßt das?

Eikalibdus.

Eikalibdus? Unn das wächst so langsam?

Ich sags doch.

Nu, hadn das da iewrhaubt noch enn Reiz?

Warum dn nich?

Weil das so langsam wächst.

Nu, was dn? Die Dinger in den Drobbschdeinhehln, die Schdalagdieden, die wachsen allemal in dausend Jahrn een eensjen Millimeder. Unn die fon unden roff, die Schdalagmieden, die brauchen noch länger. Da drgegen mißde so ä Eikalibdus gradezu ä Dibblohm kriegen.

Wemmersch so nimmt unn bedracht', da hamm Se schon recht. 's iß ähm alles in der Welt reladief.

Nowr, Der Einschdein weeß drwegen, was'r will. So enn Mann, den kammer nr bewundern.

Auf dem Standesamt

Gudden Dahch, Herr Schdandesbeamder! Ich meechde heiraden.

Bitte die Personalien!

Bersonalien? Achso. Also ich bin Ewerhardt Schulse, geborn in Bärna an dr Elwe an fuffzehnden Okdower neinznhundertfimf.

Papiere, bitte!

Was dn fr Babiere?

Nun, Ihren Geburtsschein.

Mein Geburdsschein? Zu was dn? Sie glooms wohl nich, was ich Ihn' sag? Das kennse schon gloom!

Ich muß mich nach meinen Vorschriften richten.

Un was schdehdn da drinne, in Ihrn Forschrifden?

Daß Sie Ihren Geburtsschein vorlegen müssen, ebenso den Ihrer Fräulein Braut.

Meiner Braut ihrn Geburdsschein? He, Sie sinn guhd! Sie meen den Mädchen ihrn, was ich heiraden will?

Ja, natürlich.

Heernse, den missen Se sich selwer holn. De Adresse gebb ich Ihn'. Mier gibbt die den nämlich nich.

Auch nicht, wenn Sie ihr sagen, daß er für das Aufgebot unbedingt erforderlich ist?

Dann erscht recht nich. Die will doch nich!

Was will sie nicht? Ihr Alter verraten?

Nee, heiraden will se nich. Unn mich an allerwenigsden. Der baß ich doch nich! Awr da kann doch ich nich drfor.

Ja wie denn? Handeln Sie denn nich im Einverständnis mit dem Fräulein?

Um Goddeswilln, wenn die das wißde!

Aber die Eltern des Mädchens sind wohl im Bilde?

Nu, die erscht! Der Alde hat mich doch schon zweemal nausgehaun.

Also hören Sie mal. So geht das aber doch nicht. Wie habens Sie sich denn die Sache eigentlich gedacht?

Ich habb mir gedacht, daß das aufn Wege dr Zwangsfollschdreckung geschehn kennde. Gibbds das bei Ihn' nich?

Nein, das kennen wir überhaupt nicht auf dem Standesamt.

Ich habb gedacht. Unn grade in so enn Fall wie bei mir.

Nein, das kommt gar nicht in Frage.

Unn Sie gloom ooch nich, daß das mal eingefiehrt wird?

Nein, das ist ganz ausgeschlossen.

So. Na, da endschuldjen Se nr. Lähmse wohl! Unn du ooch, Dorodea! Da werd das nischt mit uns zween.

Rechtschreibung

Sie wern endschuldjen. Hamm Sie nich ä deidsches Wärderbuch? Ich habb nämlich schon eens, da schdehn awr de meisden Wärder nich drinne.

Das ist vielleicht eine ältere Ausgabe?

Das werd noch nich so sehre alte sinn. Awr da schdehn de bekanndesden Wärder nich drinne. Zum Beischbiel wußde ich mal nich genau, ob sich Bahbst mit Dobbel-a schreibt oder nich... awr da konnde ich lange suchen. Der schdeht nich drinne.

Vielleicht in der Abteilung Fremdworte?

Das weeß ich nich. Awr iß da edwa Schduddgart ooch ä Fremdwort?

Nein, aber ein Name. Und manche Wörterbücher führen auch Namen, zumal geographische, gesondert an.

Nu, iß da filleicht Iewrschwemmung bei Ihn' ooch ä Name?

Nein. Aber das muß doch auf jeden Fall in dem Wörterbuch stehen.

Ähm nich! Ich habb doch dn gansen Buchschdahm i durchgebläddert.

Ü, meinen Sie?

Ich meene, was ich sage.

Aber Sie haben i gesagt.

Nu, da wär ich das wohl ooch meen. Oder frschdehn Sie nich deidsch?

Natürlich verstehe ich deutsch. Aber unter i können Sie Überschwemmung in keinem Wörterbuch der Welt finden.

So. Da schdeht das wohl bei den under Ibbsilon?

Nein, aber unter u.

Na, unn Schduddgart?

Unter St.

Unn Bahbst?

Unter P.

Under was fr enn Bee?

Sie würden es vielleicht das harte nennen.

Bahbst, underm harden Bee? Wie kommdn das dordhin?

Weil es so geschrieben wird.

Seit wenn dn?

Schon immer. Wie Überschwemmung mit Ü und Stuttgart mit St.

Wissen Sie das genau?

Gott sei Dank.

Unn die Wärderbicher, die wissen das ooch nich besser wie Sie?

Nun, jedenfalls schreiben sie die Worte genau so.

Da wolln Sie wohl midnander enne neie Rechdschreiwung einfiehrn?

Das liegt uns ganz fern.

Awr Sie machens doch! Sie schreim doch alles gans willkierlich, wies Ihn‘ grade baßt. Da behalden Se nr ihre Wärderbicher, unn wernse glicklich drmit. Ich koof jedenfalls keens.

Der Glückspfennig

Was klabberdn bei Ihn‘ so? ‘s klingt wie Geld?

Daß iß ooch welches.

Ihr Bordmonneh hat wohl ä Loch?

Nee, das Geld habb ich absichdlich glei so in dr Dasche.

Ach so, dasse immer fuffzn Fenge fr de Schdraßenbahn hamm?

Nee, das sinn meine Glicksfenge.

Ihre Glicksfenge? Wiefiel hamm Sie dn da?

Ach, das missen so Schdicker zwansj oder dreißj sinn.

Da schbieln Sie wohl sofiel Lodderielose, unn hamm fr jedes exdra enn Glicksfeng? Wolln sies denn mit Gewalt er zwing, dasse gewinn?

Nee, ich schbiel iewrhaubt nich in dr Lodderie. Awr ä Glicksfeng gilt doch gans allgemein in menschlichen Lähm, der iß fr alles gut. Meindwegen, daß een kee dollwiedjer Hund beißt, oder daß mr nich de Drebbe nunderschderzt. Oder daß de Kinder nich fremden Leiden de Fensderscheim einhaun. Unn uns selwer nadierlich erscht recht nich.

Awr da geniegt doch eejendlich ä ennsjer Glicksfeng drzu. Das habb ich noch nich geheert, daß mr da de ganse Dasche foll hamm muß.

Das sinn doch nich alles Glicksfenge. Das iß doch bloß ä eensjer.

Ich denke, das sinn zwansj oder dreißj?

Nu ja, awr eener iß bloß dr richtdje. Ich weeß bloß nich welcher.

Das missen Se doch wissen. Ich denke, ä Glicksfeng, das iß eener, den mr mal gefunden hat?

Ich habb mein' ooch gefunden. Mal frieh, wo ich in de Arbeit ging. Awr der iß dann under die andern gekomm.

Wie issn das meeglich?

Ach, gans einfach. Wemmer enn Glicksfeng hat, das derf mr doch niemanden sagen. Sonst hilfdr doch nich. Unn wo nu mal an den Rock, wo ichn in dr Dasche hadde, ä Knobb fehlde, da habb ich nich dran gedacht, daß ichn hädde rausnemm kenn. Unn wo meine Frau den Knobb annäht unn den Feng findt, da denkt se, der iß aus Frsehn da nein gekomm, unn duhdn in unsre Schbielkasse. Mier sammeln nämlich immer de Fenge, zum Kardenschbieln, oder Mensch ärgere dich nich.

Unn da hamm Sie...?

Nu, was blieb mern weider iewrig? Ich konnde doch nich

ärjendenn beliewigen rausnehm, offs Gradewohl. Drum habb ich fon den Dahche an de ganse Schbielkasse einschdekken missen. Da weeß ich wenigsdens beschdimmt, der'r drbei iß...

Die Hausapotheke

Was hamm Sie dn da fr lauder frschiedne Fläscheln?

Das iß unsre Haus-Abbedehke.

Iß das braktisch?

Nu klar.

Hamm Sie da ooch ä Middel gegen Magenfrschdimmung? Mir isses nämlich garnich so exdra zumuhde. Forhin, wo ich bei Ihn' de Drebbe roff bin, da war mirsch, als wollde sich innewendj alles umschdilben. Wenn Se mier da filleicht ä baar Drobben gähm kennden, oder enne Bille...

Kennse hamm. Suchen Se sich nr was raus! De Nummern schdehn iewrall dran. Bloß Nummer siem derfen Se nich nemm, das iß gloowich Gift. Das iß bloß eißerlich, wemmer sich geschnidden hat, zum Bludschdilln. 's kann awr ooch Nummer neine gewesen sinn, oder enne andre. Se kenn ja forsichdshalwer erscht mal dran riechen. Unn wenns Ihn' recht in de Nase beißt, da nemmse liewer was andres. Awr keene Salwe. Die iß gegen offgeschbrungne Libben.

Filleicht sinn das hier Magendrobben?

Nummer dreie, das wern wohl keene sinn. Das heeßt, ich weeß nich. Awr das hat unsre Lodde jetzdmal gegen Zahnschmerzen genomm. Da däht ich Ihn' liewer raden, nemmse was andres gegen Ihrn frschdimmden Magen. Se kenn ja ooch Frschiednes ausbrowiern. So mach ich das nämlich immer – da werd nachher schon ooch ‘s richdje mit drbei sinn.

Awr wenn ich nu das gifdje mit erwisch? Unn iewrhaubt, iß denn das ne richdje Haus-Abbedehke?

Warum soll dn das keene richdje sinn?

Nu, weil mr da ee Middel nachn andern durchbrowiern muß, bis mr denkt, mr hads bassende. Ich habb mir das gans andersch forgeschdellt. Daß mr nich so offs Gradewohl unn offn Zufall angewiesen iß. So kammer sich doch heechsdens noch kränker machen als mr schon iß. Da hädde ich mir das Zeich nich gekooft an Ihrer Schdelle.

Wo mier das gekooft hamm, da war das noch gans andersch. Da wußde mr gans genau, wie mr dran war.

Da iß Ihn‘ das wohl klibb un klar erklärt worden?

Nee. Awr das war doch gans iewrflissig. Sondern da lag ä Zeddel drbei, wo die eenselnen Nummern droffschdanden unn fr was se gud sinn. Unn wiefiel mr allemal nemm mußde. Awr den Zeddel hamm mier frschmissen...

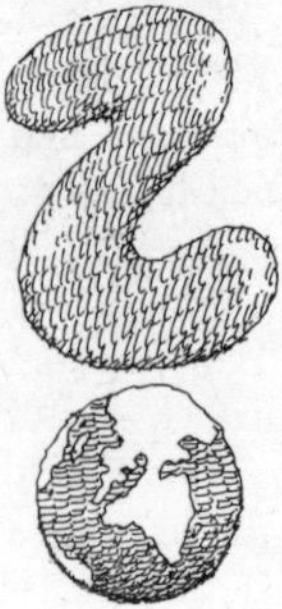

Kosmisches Gespräch

Babba, wemmer off so ner Bricke schdeht unn guckt nunder off die Eisenbahnschien', da denkt mr, die hamm iewrhaubt gar kee Ende. Oder sinn die dort hinden alle, wo se in Wald neingehn?

Nee, da mißde doch dort ne Schdazjohn sinn. Awr da iß doch keene.

Da gehn die Schien' wohl durchn gansen Wald durch?

Nu klar.

Unn driem wieder naus?

Selbstfrschdändlich. Die kenn doch nich midden in Wald offheern.

Awr driem, wo dr Wald alle iß, da heern se off, nowr?

Ä, woher denn! Da heern die noch lange nich off!

Da habb ich amende doch recht, daß die iewrhaubt nich offheern?

Nu oia. Emal offheern duhn die schon ärgendwo. Awr das iß weit.

Wie weit issn das?

Ach, wer weeß wie weit!

Bis Konschdandinobel? Oder nich so weit? Oder noch weider?

Noch weider.

Bis an Nordbol?

Nee, so weit nich. Da geht doch gar keene Eisenbahnschdrecke hin.

Awr das mecht ich drwegen ma sehn, wo die Schien' alle sinn. Wenn das aus Frsehn mal ä Zug driewer naus fährt, – schderzt der da ab?

Ä, wo soll dn der hinschderzen?

Ins Weldall.

Junge, wie schdellsdn dir 's Weldall for?

Nu, groß.

Awr, da kann doch kee Zug neinschderzen. 's Weldall iß doch kee Loch.

Was isses denn?

Das weeß ich nich. Das weeß nämlich iewrhaubt niemand.

Woher weeßde denn da, dasses kee Loch iß? Wenn das niemand weeß, da kann das doch ähmsoguhd ä Loch sinn.

Um ä Loch muß doch was drumrum sinn. Was wär dn da um das Loch drumrum, was bei dir 's Weldall sinn soll?

Nu, de Weld!

Mei liewer Junge, mier wolln nich so fon den Dema reden. Da sinn schon andre Leide drbei frrickt geworden als wie mier.

Das frschdeh ich awr nich, Babba. Fr mich iß die Sache follkomm klar. Da gibbds fr mich gar kee Zweifel. Gloob mrsch nr, das iß wie ich dr gesagt habb, unn nich andersch.

Das iß doch ‘s greeßde Weldrädsel. Das werd doch so ä Schdebsel wie du nich leesen.

Warum dn nich? Eener musses doch mal machen...

In der Gemäldegalerie

Du, Mann, die wissen drwegen ooch nich, wasse wolln. Hier schdeht schon wieder: Abbollo. Das schdand doch schon vorhin an enn Bild. Soll denn das een und derselwe sinn? Forhin sah der ganz andersch aus. Da war der fiel kerzer unn nich so schlank.

Das sinn doch alles Nähmsachen. De richdje Kunst eißert sich doch haubdsächlich in Gesichde.

Awr das war off den erschden Bild ooch gans frschieden. Da hadde der nich so lange Haare wie hier unn ooch nich so enn driebsinnigen Blick. Da machde der enn fiel lähmslusdjeren Eindruck.

Das sinn doch Schdimmungssachen.

Awr wenns‘n nich guhd iß, brauchd‘r sich doch nich maln zu lassen. So eilig werd doch das Bordrä nich gewesen sinn.

Frau – du frschdehst drwegen nich fiel fon Kunst. Enne Forschdellung hast du fon den Zeich, wie ä kleenes Kind.

Wieso denn?

Das iß doch garnich so, daß der Abbollo sich hat abmaln

lassen meindwegen wie wenn mier bein Fodegrafen gehn. Das sinn doch alles Fandasiebilder. Die hamm die Kinsdler doch bloß so aus'n Kobbe gemalt.

Awr das iß doch nischt. Da isses doch nachher keene Kunst! Wennde dr nich fon Sachen reden wolldest, die de nich frschdehst. Der ganse Abbollo, das iß doch bloß ne Fandasiefiguhr.

Nu wie dn, da hat der iewrhaubt nich geläbt?

Nee, der iß bloß aus so nr Geschichde, wie Riewezahl oder Rumbelschdilschen.

Zu was hammnen denn da die Maler gemalt?

Wahrscheinlich, weiln de Ammezohn' unn de Fenusse off de Dauer zu eindeenig wurden.

Nu, da sinn wohl de Fenusse ooch nich richd'g fon dr Naduhr abgemalt?

Nee.

Unn die Ammezohn' ooch nich?

Nee.

Un die Adam unn Efas ooch nich? Unn die gansen andern?

Nee.

Das hamm die sich alles bloß so zusammfandasiert?

Ja.

Nu he! Da duh mir bloß den eensgen Gefalln unn sage mir mal, zu was du mich da hier neinfiehrscht? Wenn das so iß – was habb ich dn da drfon, wenn ich das anguck? Gloobsde, wennde mir das erscht gesagt häddst, da hädd ich in der Zeit weiß Godd was Frnimfdjeres anfang kenn.

Ein lyrisches Gemüt

Ja, ich bin ein lierisches Gemiet.

Das sieht mr Ihn' gleich an. Wenn Sie so schwermiedj gukken – also wie Heinrich Heine.

Nowr? Odr wie der in mein Mann sein Kegelklub, der immer de Brologe macht. Das is ooch so ä frkanndes Schenie. Nu wie dn? Da mach'n Sie wohl ooch Gedichde?

Ich? Um Goddeswilln!

Ich denke...

Nee, mier wärds bloß allemal in Herbst so schwermiedj zumuhde. Wissense, wenn alles kahl werd un de Bluhm verblieht sinn. Un de Schwalm – also gloomse, ich derf gar nich dran denkn, da muß ich grinßen.

Das hat awr ooch was Ergreifendes.

Un besondersch fr mich. Das geht nu schon zehn Jahre, ach, wenn das langt!

Was dn?

Also jedes Jahr, so in Abbril, brennt mier dr Ofenrost durch. Allemal, wenn's grade so weit iß, daß mr in dr Schduhwe kee Feier mehr braucht. Unn jedes Jahr nämm ich mier hoch unn heilig vor: dasmal denksde awr ähr dran, dr Sommer is lang genug! Un wie gesagt, das is nu filleicht 's zehnde Mal, wenn das reecht: ähr nich de Blädder fallen, unn de Schwalm... also de Drähn komm een, un ä baar neinhaun kennde mr sich! Awr mr nich wieder an de Foden friert un dn Schnubb'n hat – ähr denkd mr ähm nich dran. Un nächsdes Jahr, das weeß'ch heide schon, da kenn se Gift droff nämm, da is genau wieder dasselbe Deahder...

Schrebergärtner

Das sinn awr Brachtexemblare fon Kerbsen. Da sinn Sie wohl sehr schdols droff?

Nee. Ich winschde bloß, ich hädde den scheen Blatz fr was Frnimfdjeres frwendet. Die hamm doch ihre Beschdimmung' de letzte Minude geändert.

Was dn fr Beschdimmung'?

Fr de Gardenbau-Ausschdellung. Mei eensjer Drost iß bloß, dasse alle so neingeflogen sinn, nich bloß ich alleene.

Wie dn neingeflogen?

Nu, mier hamm doch schon forjes Jahr enne Ausschdellung gehabbt in unsrer Kandine. Unn da hadde de Schdadt fuffzj Mark geschdiffdet fr de besde Leisdung, um de Gardenkuldur ze hehm. Unn die fuffzj Mark, die hat dr greeßde Kerbs gekriegt. Dadroffhin hammier nu dies Jahr alle solche Riesenkerle gezogen. Awr wie unser Forschdand wieder neingemacht iß ins Radhaus bein Bergermeesder, da hat der gesagt: Nu ja, fuffzj Mark kennden mr schon wieder kriegen, awr midn Kerbsen wär doch nu dr Zweck erreicht. Diesmal sollde dr scheensde Abbel den Breis kriegen. Nu sitzen mr da mit unsern Kerbsen. Eener wie dr andre.

Good, da läßt sich doch allerhand drton machen. Subbe, oder Kombodd.

Das essen mier nich. Mier hamm bloß off de Ausschdellung schbekuliert unn off weider nischt. Wegen den fuffzj Mark.

* * *

Sonnrosen habb ich gerne.

Ich nich.

Warum hamm Sie dn da welche geflanst?

Das geht noch zurick off forjes Jahr. Da wollden mier Winderfudder hamm fr unsern Kreizschnawel. Unn wo se nu bald so weit warn, dasse reif wern wollden, da hammier von Dahch zu Dahch gewart: denn wemmersche zu zeidj abgeflickt hädden, da hädde der die doch nich gefressen. Awr wo mier dann eines Dahches nauskam' in Garden – da hadden se de Schberlinge gemaust.

Awr Sie hamm doch dies Jahr ooch wieder welche...

Da kemmier nich drfier. Da hamm wahrscheinlich de Schbatzen damals ä baar Kerne rundergeschmissen. Unn wo die nu in Friehjähr offging', da hammier nich gewußt, wasses werd.

Meine Frau sagde, lasses nr, das wern filleicht Keenigskerzen, unn da habbich se ähm gelassen. Unn wo miersch nachher gemerkt hamm, daß das keene Keenigskerzen wurden, sondern ähm wieder Sonnrosen, da hads uns gedauert, daß mrsche rausrubben sollden. Weil se schon so groß warn. Und wo se nachher immer greeßer wurden, da hamm se dn gansen Schdrohblum' de Sonne weggenomm'. Unn weil die in Schadden nich wachsen, da sinn se eingegang. Awr ich sags ja: was mier Schrewergärdner fr Sorgen hamm, da macht sich dr Außenschdehnde iewrhaubt keen Begriff drfon.

Keine Rose ohne Dornen

Ich weeß nich, da heeßds immer, de Naduhr, die wär so großardj eingerichdet, unn da kennde dr Mensch nich mit nan mit seiner iewrschätzden Indellijens, – awr manches hädde ich drwegen andersch gemacht, wenn se mich gefragt hädden.

So? was dn da zum Beischbiel? Filleicht, daß de Kwelln Bilsner Bier ausn Erdinnern rausschbrudeln anschdadd Leidungswasser?

Nee, das nich. Da gäbs doch keene Bierschdeier, unn da hädde de Rechierung doch nischt, wasse aller ferzn Dahche schdeigern kennde. Awr in dr bodahnschen Abdeilung dr Schebfung, da gibbds werklich Sachen, die ich mir frnimfdjer forschdelln kennde. Zum Beischbiel fonwegen, keine Rose ohne Dornen, das seh ich nich ein, daß das sein muß. Da heeßds nu, de Rose is de Keenigin dr Flansen, awr ich glowe, wenn die Keeniginnen, wo's noch welche gab, ooch alle so schdachlich gewesen wärn, da wärn de Färschdengeschlechder schon fiel eher offn dohden Bunkde angelangt als wie so. Unn iewrhaubt: dadurch, daß de Rosen Dorn' hamm, dadurch is wahrscheinlich unser ganses menschliches Lähm frdorm worden. Mit keine Rose ohne Dornen hads angefang'n, unn dann isses so weidergegang'n: Kein Licht ohne Schadden, keine Landbardie ohne Regen, kee Kobb ohne Kobbschmerzen, keene Madratze ohne kabudde Schbrungfedern, kee Eheglick ohne Schwiegermudder.

Unn da solln iewrall de Rosen dran schuld sinn?

Ich schdelle mir das so for. Unn warum denn ooch nich? Die Rosen mit ihrn Dornen sinn fr die andern Schebfungsgegenschdände s beese Beischbiel gewesen.

Awr die Dorn' sinn doch ä Schutzmiddel. Daß de Scheenheit nich angedasdet werd, oder womeeglich gar gefressen.

Sie! Da mißden de Gänsebliemchen Dorn' hamm, unn de Sumfdodderbluhm, unn de Margeridden, awr nich de Rosen. An die Wiesenbluhm, da kann jedes Karnickel drzu unn jeder Ochse. Awr enne Rose, die wächst doch in Garden, wo ä Zaun drumrum is.

Da is das ähm noch fon frieher, wo die Gardenzeine noch nich exisdierden.

Ach nee. Sie sinn awr gescheit. Was Sie alles wissen. S is bloß schade, dasses nich schdimmd. Da bin ich nämlich besser underrichdet. Gardenzeine hads in dr Schebfung fon alln Anfang an gegähm.

Schon in Barradies?

Jawohl, schon in Barradies.

Schdeht das in dr Biewel?

Nu, obbs direkt drinneschdeht, das weeß ich nich. Awr wenn ums Barradies kee Zaun drumrum gewesen wär, da hädden doch unsre beeden Schdamm-Eldern nich draus ferdriem wern kenn. Da hädden se doch fon alln Seiden wieder nein gekonnt. Awr Sie wissen, doch, daß die ganse Abschberrung fon een ensjen Engel midn feirigen Schwerde besorgt worden is. Das wär unmeeglich gewesen, wenn der sich nich einfach an de Diere zu schdelln gebraucht hädde. Awr das konndr bloß, wenn enne Diere da is. Unn enne Diere kann wohl oder iewl bloß sinn, wo ä Zaun is. Leichdet Ihn' das nu ein?

Ja. Ich weeß bloß nich mehr, wieso mier eegendlich fon den Rosen offs Barradies gekomm warn.

Nu, da missen mr ähm nochmal fon forne anfang.

Pflaumenkuchen

Sie backen wohl dieses Jahr gar keen Flaumkuchen?

Warum dn?

Weilse noch gar nich gefragt hamm, ob Se nich mal mei Kuchenblech geborgt kriegen kenn.

Das werd wohl heier ooch nich needj sinn.

Awr Sie hamm doch die gansen Jahre immer Ihrn Flaumkuchen gebacken. Da denken doch de Leide glei sonsdwas.

Das kenn mier awr doch machen, wie mier wolln.

Nu ja. Awr bereden däht ich mich von niemand lassen. Wissense, was die sagen wern: Sie sinn zu geizj drzu. Das sagen die nämlich jetzt schon.

Da meegn se! Mich kann das nich schdeern.

Awr wo's heir sofiel Flaum gibbt. Ich däht een backen.

Da backense doch een! Meindwegen jeden Dahch een!

Nee. Jeden Dahch kann ich keen backen. Wissense, wegen Blech. Nachher iewrlegen Se sichs fielleicht doch noch, unn wolln eenes Dahches mei Kuchenblech geborgt hamm, unn ich mißds Ihn' schließlich abschlagen.

Da brauchense keene Angst zu hamm. Ich brauch heier Ihr Blech nich.

Ä, das werd doch nich Ihr letzdes Word sinn. Wo'n Ihre Kinder so gerne essen. Denn däht ich doch die Freide machen.

Wegen denn back'ch doch keen. Weil die sich forjes Jahr so dran iewrfressen hamm.

Awr da schdrafen Se doch ooch Ihrn Mann mit. Unn der kann doch nich drfor. He, sinn Se nr nich so! Backense doch een!

Jetzt nich erscht noch. Wo de Flaum schonn wieder deirer wern.

Gehnse doch zum Fiewäg, der vrkooft se fr elf Fenge 's Fund.

Is wahr?

Ja, unn zehn Fund ne Mark. Unn mit zehn Fund kommse weid. Da kennse zwee Kuchen drfon backen. Das schbarnse doch nachher an' Bemm', wennse Kuchen zum Kaffee hamm.

Da hammse eegendlich recht. Wissense, ich wer doch noch een backen. Ich schick morgen frieh mal meine Lene niewr nachn Kuchenblech.

Hm, schicken kennse se. Awr gähm duh ichs'r nich. Dadroff habb ich nämlich bloß gewart', daß Se das sagen. Ich borg Ihn' mei Kuchenblech iewrhaubt nich mehr. Mei Mann hat sich die gansen Jahre schonn immer so offgeregt. Der sagt: du dummes Luder, da läßde dir von fremden Leiden dei Zeich ruinieren, fr nischt und wieder nischt. Meegen se sich doch ä Kuchenblech koofen, wennse Flaumkuchen backen wolln! De Borgerei leid ich eefach nich mehr! Die hau ich vrkehrt de Drebbe nunder, wennse sich nochmal nach Kuchenblech blicken lassen. Die liederliche Bucht! De Fresserei hammse in Kobbe, unn Flaumkuchen muß sinn, awr zu enn Kuchenblech langds nich... Sehnse, das hat mei Mann gesagt. Unn das wollt ich Ihn' bei der Gelegenheit bloß sagen...

Theorie und Praxis

Babba, unser Lährer hat gesagt, das däht garnich Been heeßen, sondern B... Bein, unn das däht B... baum heeßen, anschdadd Boom, ach, unn noch fiel, ich weeß bloß nich mehr alles. Ä baar was, das habb ich iewrhaubt nich rausgebracht, da hat der eegal wieder gesagt, das i, das ich sagen däht, das wär falsch. Das mißde... na ja, ich weeß ooch nich, das mißde ähm i heeßen. Awr andersch. Bei denn klang das ä bissel andersch. Friehling und iewrfliss'g, und Diere, das sinn solche Worde. Da hat der gesagt, bei mir wißde mr nich, ob ich änne Schdubendiere meen, oder de wilden Diere in dr Wiesde.

Die meegens nr halwegs machen! Awr was iss's? Weil se nich genug zu duhn hamm, da difdeln se wer was fr Bleedsinn aus. Anschdadd daß's 'n Kindern erleichdern, da machen sis'n so schwer. Solche kinsdliche Schbrachen, die mißden direkt frboden sinn.

Der hat awr doch gesagt, die andern dähden so reden.

Was dn fr andre?

Nu, in Breißen die, unn in Diering', unn in Liesweck, unn Hannohfer. Reden die wärklich so?

Ich gloowe.

Warum reden die'n so?

Das weeß doch ich nich. Wahrscheinlich, weilse enn Klabbs hamm.

So. Awr... awr Menschen sinns drwegen ooch?

Nu ja, ähm abgesehen dafon.

Unser Lährer iß gans begeisdert fon denn, ähm wegen ihrer Schbrache. Der hat gesagt, mier solln uns nr immer scheen Miehe gähm, unn mr solldens unsern Äldern sagen, se mechden drheeme recht scheen off uns offbassen, daß mier immer so reden. Da dähden miersch in dr Schule fiel ähr lern.

Was? Das hat der gesagt? Da will der uns Forschrifden machen? Also, mei Kind, daß des glei weeßt: da werd nadierlich nischt draus! Unn wennr wieder mal so was sagt, da kannsden fon mier enn scheen Gruß sagen, unn ich hädde gesagt, in meiner Wohnung häddr nischt zu frfiegen! Unn das sollr sich ee fr allemal merken: in seiner Schule, da kannr meindwegen machen, was'r will. Awr in mein fier Fähln, da bin ich frn heislichen Anschdand frandwordlich. Unn der beschdeht bei mir dadrinne, das deidsch geredt werd!

Im Walde

Sie, frzählnse sich nich!

Kimmernse sich doch um Ihre eignen Angelegenheeden!

Soll'ch Ihn' bissel helfen?

Ich wißde nich, bei was.

Nu, bei denn Zähln. Dasse nich edwa een frgessen. Nachher schdimmt Ihre Zahl nich.

Die werd schon schdimm‘.

Der Wald iß wohl Ihre, dasse die Beime zähln?

– Sie! Nu sinnse awr ruhig! Was ich hier mach, iß enne Amdshandlung. Un ich bin iewrhaubt Beamder. Da brauch ich mich nich beläsdjen zu lassen, wenn ich mein fr‘antwordungsfolln Dienst aus‘iebe.

Issn das ä Beruf, Beime zähln? Das habb ich noch garnich gewußt.

Das mach ich doch bloß heide. Ich bin doch Forschdgehilfe.

Warum zähln Sie dn da die Beime?

Ä, das iß sone Anordnung. Weilse denken, mier hamm nischt zu duhn. Awr uns werds drwegen zu wohl. Was gloom Sie dn, was mier off die Schbitzbuhm offzubassen hamm.

Is wahr? Nu, was mausen die dn da?

Ach, denn iß doch iewrhaubt nischt heilig. Die mausen sich zu Weihnachten enn Christboom unn ooch noch Feierholz dazu. So schlecht sinn de Menschen heidzudahche. Iewrhaubt: Was wolln Sie‘n mit den großen Knibbel?

Der lahch da driem. Awr da brauchense keene Angst zu hamm, denn nemm ich nich mit heem. Denn hau ich nachher wieder weg. Denn hab ich bloß offgehoom, wo ich Sie hier so zähln sah. Ich dachte mier, schaden kanns amende nischt, fr alle Fälle, unn mr wees doch nich...

Was weeß mr nich? Unn was hat dn das mit mein Zähln zu duhn?

Nu, nemmse mrsch nr nich iewl...

Awr...

Was dn: awr?

Nu, wenn eener Beime zählt, daß iß doch so komisch...
Nu, und?
Enschuldjen Se nr nochmals, awr 's iß doch wahr: amende konnden Sie doch ooch ä Fr'rickter sinn, der wo endschbrung iß...

Ein Gegner des Tonfilms

Sie sinn wohl ooch e großer Kinofreind?
Nu, das will ich meen!
Nowr, die schwilsd'gen Schdicke, die se da manchmal gähm, das is drwegen allerhand. Wemmer sich das iewrlegt! Mei erschdes is allemal, daß'ch nachguck, ob ä Film fr Jugendliche frboden is. Da weeß mr doch wenigsdens, daß sichs lohnt.
Ich bin mehr fr de Ahmdeierfilme. Zum Beischbiel, wenn dr Harri Biel aus'n Fluhchzeich in ä Underseeboot hubbt, odr dr Schabblihn muß in Zärgus offs Drabeez kleddern. Das is was fr mich.
Hamm Sie das fon Sonni bei gesehn?
Das iß doch ä Dohnfilm?
Ja.
Sie, da mach ich mir nischt draus. Da bin ich nämlich ä großer Gegner drfon. Weil das fr mich kee Genuß is. Da fehlt mir immer was.
Da fehlt doch nischt. Im Gegendeil: da is doch grade alles scheen beisamm.
Nee, ähm nich. Wenn ich bei änn andern Film so die

frschiednen Szen'n seh, da kann ich mir schon ungefähr denken: hier drzu schbielnse wahrscheinlich dn Dorgauer Marsch, unn wo se sich kriegen, da schbielnse gewehnlich: Ja, liewet eich... oder –

Sie heern wohl e bissel schwer, dasse das immer bloß frmuhden missen? Da kann ichs nachher schon frschdehn, daß Ihn' ä Dohnfilm nich fiel nitzt.

Ich heer nich schwer. Sie, wenn nr jeder so guhd heern däht wie ich. Awr da missense mr erscht mal een zeichen, der die Musik oder das Geschbreche bis raus off de Schdraße heert.

Wieso denn bis raus off de Schdraße?

Nu, weil ich nich neingeh. Ich weeß iewrhaubt nich, wie so ä Kino innewend'g drinne aussieht. Unn das indressiert mich ooch gar nich.

Awr wenn Sie so ä großer Kinofreind sinn?

Das bezieht sich doch bloß off die Bilder, die immer hausen in den Käsden häng'. Die geniegen mir follschdendig. Ähm bloß beim Dohnfilm nich...

Die Löwen

Gucke, Babba, die Leem! Unn wie die blähken! Ob das richdje sinn?

Nu, was dn sonst fr welche?

Nachgemachde, wo Männer drinne schdecken.

Das därf doch so ä großer Zerkus nich. Unn mier hamm doch ooch genug Eindridd bezahlt.

Awr fr mich hasde bloß de Hälfde bezahlt, weil de gesagt hast, ich gäng noch nich in de Schule.

Bisde schdille!

‘s iß doch wahr!

Garnischt iß wahr! Awr wenn drsch nich baßt, kenn mier ja heemgehn, du niederdrächdjer Balch! Mr muß sich doch forn Leiden schäm‘... de ganse Laune is mr frgang.

Ä, reg dch nr nich off! Guck, der eene Leewe, fon denn gloob ichs awr nich, daß‘r ä richdjer iß. Denn hat die jetzt ä Schdick Zucker gegähm. Dort die midr Beidsche, die so angebutzt iß.

Das kann die doch machen, wie se will, das iß doch de Dombdeese. Die Leem sinn doch der!

Awr ich denke, die fressen bloß Menschen?

Das sinn doch hier keene wilden Leem.

Ach so, unn die fressen Zucker?

Alles Meegliche, Färdefleesch, unn Brodeln...

Da sinn das awr komische Leem. Richtdje seldne Fiecher. Wenn das denn ihre Frwandten drheeme wißden, in dr Wiesde, daß die Brodeln fressen, die dähden die die filleicht frschdoßen. Weil die dr Familie Schande machen. Die blamiern doch de ganse Innung.

Also wenn de jetzt nich bald schdille bist, da haunse uns filleicht noch naus. De gansen Leide gucken schon her. Wenn'ch das gewußt hädde, was de hier fr Deahder machst, da hädd'ch dich nich midgenomm.

Das wär mir ooch egal. Die Leem kenn mier sowieso nich imboniern. Unn was die Klaune sinn – da missen mier iewr unsern Lehrer fiel mehr feixen, wenn der Schbaß macht.

Fängsde schon wieder an! Du gehst doch noch garnich...

(Entrüstete Rufe von allen Seiten. Der Junge, abschließend und mit verächtlicher Großmut:)

Babba, ich gloowe, denn gefällds. Na, do wolln mr mal schdille sinn...

Hasenläufchen

Ich mecht ä Hasenleifchen.

Scheen. Bidde sehr. Das hier?

Hamm Se nich ä bissel a greeßres?

Greeßre wern mier wohl nich hamm. Greeßer sinn die nämlich nich. Das iß Ihn' wohl zu kleen?

Groß isses nich, ... fr fier Bersohn.

Da nemmse doch ne Keile!

Da iß wohl mehr dran?

An enner Keile? Da iß mindesdens dreimal sofiel dran wie an enn Leifchen.

Mißt ich ne Keile nemm... Awr die iß ooch deirer?

Meine guhde Frau, nadierlich iß die deirer.

Weil mehr dran iß?

Nu ja. Iewrdeiern duhn mier niemandn, das kennse gloom, awr mier missen doch ooch sehn, wo mier bleim. Das sehnse doch hoffendlich ein?

Awr wenn ich ne Keile nemm, da hat doch mei Mann kee Leifchen. Der ißt nämlich so gerne Hasenleifchen. Awr mier andern dreie kenn doch ooch nich bloß zugucken. Folldens an Sonndahch.

Da nemmse doch zwee Leifchen!

Zwee Leifchen? Sie, da hammse eegendlich recht. Das kennt ich machen. Awr – an enner Keile iß doch mehr Fleesch? Bei enn Leifchen hat mr doch sofiel Knochen. Unn bei zween erscht! Die Knaubelei – da werd doch bloß die Briehe kalt drweile, unn nachher schmeckt se een garnich mehr so. Da isses doch nachher schade um die guhden Zudahden. Ich mach se nämlich immer mit saurer Sahne.

Ja, das machen de meisden. Mier ooch.

Awr wie gesagt: enne Keile iß kee Leifchen – unn wenn ich zwee Leifchen nemm... Ä, wissen Se, was: mei Mann läßt sich fon mier ooch keene Forschrifden machen. Der macht ooch, was'r will. Da brauch ich mir fon denn ooch nich in meine Hauswerdschaft neinreden lassen. Obb der Abbedied off Hase hat oder nich, das kann mir schnubbe sinn. Da wer ich mir nich dn Kobb driewer zerbrechen. Der magg nr essen, was offn Disch kommt! Gähmse mir mal anderdhalwes Ferdel Rindfleesch. Da mach ich ä scheenes Rummschdäck drfon, das läßt sich besser eindeiln.

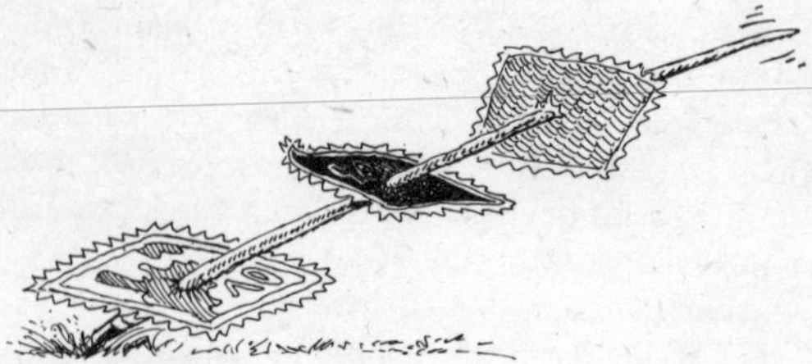

Sport

Ärjendenn Schbort muß dr Mensch hamm. Sonst kennde ich mir das iewrhaubt nich forschdelln. Das mißde ä langweiliges bissel Lähm sinn, wemmer nich in sein Mußeschdunden enne Zrschdreiung hädde.

Nowr, so gehds mir ooch. ‘s Lähm iß doch schließlich nich bloß zum Arweiden da. Mr will doch ooch mal was fr sich hamm.

Nu! Unn zumal, wo Schbort so gesund iß! Da kommt doch wenigsdens mal ‘s Bluhd durchennander, unn in de Lungfliegel kommt frische Luft, unn dr Kobb werd een wieder klar, unn‘s Herz erweidert sich, unn de Muskeln wern schdraff, unn de Lähmsgeisder werd offgeriddelt, unn de kerberliche Schbannkraft erheeht sich.

Was ißn das?

Nu, was werdn das sinn! Das sagense doch immer, wenn Schdifdungsfest iß in unsern Schbordklubb, unn das hot ooch exdra in dr Fesdschrift geschdanden: de kerberliche Schbannkraft erheeht sich, unn dr Lähmswille schdärkt sich. Solche Ausdricke weeß ich noch fiel. Wemmier fimfnzwanzj Jahre Mitglied sinn, da kriegen mir ä Dibblohm, da schdeht das drinne. Gans ausfiehrlich.

Ds gibbds bei uns nich. Ich bin iewrhaubt in gar keen Fr'ein. Awr mein Schbort habbich drwegen. Fr mich brifaht.

Das hädde fr mich keen Reiz. Das find ich doch grade so scheen, daß mr sich bein Schbort ausdauschen kann...

Ja, ausdauschen duhn mir uns ooch. Das iß ooch bei uns ä großer Anreiz. Awr da brauchen mier keen Fr'ein drzu.

Nu ja, unbedingt needj ißr ja nich, da hammse schon recht, awr nemmse mal an, enne Frei-Iewung, was da drinne liegt, das kommt doch erscht richdj zr Geldung, wennse fon enner gansen Riege, oder fon enn gansen Durnblatz voll Durnern gemacht werd. Oder was andre Schbordarden sinn. Weddrenn' zum Beischbiel, oder Keilnschwing', da kenn doch garnich genug Deilnehmer sinn. Wenn in Sommer richdjes Schbortwedder iß, unn mr zieht naus aus sein fier Fähln in Schridd unn Dridd mit lauden Hernerklang – wie een da 's Herz schlägt!

Bei mier macht das weider keen Underschied, ob Sommer oder Winder iß. Mei Schbort blieht ooch in Winder. Ich mechde beinah sagen: fr mein Schbort, da sinn die lang' Winderahmde wie geschaffen. Da kammer sich so richdj nein frdiefen.

Ach, Sie duhn wohl Schaddenboxen – oder mit solchen Abberahden iehm?

Nee.

Nu, was dreim Sie denn da fr enn Schbort?

Briefmarkensammeln.

Das Glücksschwein

Babba, was issn ä Glicksschwein?

Ä Glicksschwein, das iß eens, was bein letzden zunehmenden Mond for Neijahr geborn iß.

Ach, das iß ä richdjes, lewendjes?

Was hast dn du gedacht?

Ich habb gedacht, daß iß aus Borzellahn, mit enn Goldschdick in dr Gusche, oder mit enn Zeddel, wo droff schdeht: Schwein muß dr Mensch hamm.

Nee, das sinn bloß nachgemachte. Die nitzen nischt.

Awr die richdjen, die nitzen wohl was?

Nu! Die muß mr, wenns zwelfe schlägt, mit enner Winschelruhde nausdreim offs Feld, unn da darf mr kee Word reden drbei, unn wo das Glicksschwein schdehn bleibt, da iß ä Dobb foll Dukahden frgrahm. Denn muß mr fix rausholn, eh de Glocken offheern zu leiden, denn wemmer zu lange mährt, da iß nachher bloß Dreck drinne. Awr wenns klabbt, da sinn die Dukahden aus Gold, unn mr iß bletzlich gans reich. Das Schwein derf awr bis zu den Dahch weider nischt gefressen hamm wie Klee. Unn keen gewehnlichen edwa, sondern lauder fierbläddrigen.

Babba, das gloob ich drwegen nich. Wo soll mr denn denn fieln fierbläddrigen Klee hernemm? Sofiel gibbds doch garnich.

Nu, wenn des nich gloobst, da läßdes ähm bleim. Da hasde ooch nischt frseimt. Daß iß nämlich sowieso alles bloß Kwadsch – seid wenn fressen denn de Schweine Klee? Denn riehrn die nämlich iewrhaubt nich an. Unn außerdem dähden die da ooch bloß 'n Durchfall drfon kriegen.

Sisde! Awr so zu fr'alwern häddsde mich eegendlich nich brauchen.

Ich kann doch nich drfor, daß Ihr Kinder heidzudahche so mißdrauisch seid. Awr ich weeß schon: das iß ähm die moderne Jugend. Die hat for nischt mehr Reschbekt, was mier Alden sagen.

Inhalt

15 x

8

120